新能源汽车检测与维修专业技能人才培养工学一体化课程教材

新能源汽车底盘
故障诊断与排除

汤 彬 黄 华/主 编
华德余 施 伟/副主编
郭碧宝/主 审

人民交通出版社

北 京

内 容 提 要

本书是新能源汽车检测与维修专业技能人才培养工学一体化课程教材之一。其主要内容包括新能源汽车行驶异响故障诊断与排除、新能源汽车电控助力转向警告灯常亮故障诊断与排除、新能源汽车 ABS 警告灯常亮故障诊断与排除。

本书可作为技工院校预备技师、中高级工层级的新能源汽车检测与维修专业教材,可用作职业院校新能源汽车技术专业教材,也可供新能源汽车维修人员及相关技术人员参考使用。

本教材配套数字资源,读者可免费扫码观看和在线学习;本教材同时配有教学课件,教师可通过加入汽车技工教学研讨群(QQ:428147406)获取。

图书在版编目(CIP)数据

新能源汽车底盘故障诊断与排除/汤彬,黄华主编.
北京:人民交通出版社股份有限公司,2025.5.
ISBN 978-7-114-20368-8

Ⅰ.U463.1

中国国家版本馆 CIP 数据核字第 2025KR7304 号

书　　　名:**新能源汽车底盘故障诊断与排除**
著 作 者:汤 彬 黄 华
责 任 编 辑:郭 跃
责 任 校 对:龙 雪 武 琳
责 任 印 制:张 凯
出 版 发 行:人民交通出版社
地　　　址:(100011)北京市朝阳区安定门外外馆斜街 3 号
网　　　址:http://www.ccpcl.com.cn
销 售 电 话:(010)85285911
总 经 销:人民交通出版社发行部
经　　　销:各地新华书店
印　　　刷:北京市密东印刷有限公司
开　　　本:787×1092 1/16
印　　　张:12.25
字　　　数:247 千
版　　　次:2025 年 5 月 第 1 版
印　　　次:2025 年 5 月 第 1 次印刷
书　　　号:ISBN 978-7-114-20368-8
定　　　价:39.00 元

编审委员会名单

前言
Preface

为进一步贯彻落实《人力资源社会保障部 国家发展改革委 财政部关于深化技工院校改革 大力发展技工教育的意见》和《技工教育"十四五"规划》《推进技工院校工学一体化技能人才培养模式实施方案》等文件精神,顺应汽车产业发展新趋势,满足新能源汽车领域高质量发展对高素质技术技能人才的需求,人民交通出版社特组织江苏汽车技师学院、广西交通技师学院、贵州交通技师学院(贵州省交通运输学校)、杭州技师学院、浙江交通技师学院、江苏省交通技师学院、广西工业技师学院(广西石化高级技工学校)、北京汽车技师学院、日照技师学院等20余所院校,共同编写了新能源汽车检测与维修专业技能人才培养工学一体化课程教材。

工学一体化培养模式是依据国家职业技能标准及技能人才培养标准,以综合职业能力培养为目标,将工作过程和学习过程融为一体,培育德技并修、技艺精湛的技能劳动者和能工巧匠的人才培养方式。本套教材秉承上述理念,落实《技工院校教材管理工作实施细则》,遵循知识和技能并重的改革方向,根据技工教育的特点以及技工院校学生的学习情况进行编写,具有以下特点:

(1)教材编写依据最新发布的《新能源汽车检测与维修专业国家技能人才培养工学一体化课程标准》,贯彻以学生为中心、以能力为本位的教学理念,构建难度适当的理论知识体系,以学生的实操内容及职业素养培养为核心,围绕典型学习任务设计教材任务、活动,突出知识的实用性、综合性和先进性。教材按照四步法"明确任务、工作准备与计划制订、计划实施、评价与反馈"编写而成,实现思想政治教育、知识传授、技能培养的融合与统一,持续推动技工院校内涵发展和特色发展。

(2)在教材中融入了丰富的课程思政元素及党的二十大精神内容,选取国产汽车品牌进行详解,加深学生对国产品牌的认识,增强民族自信,体现"培根铸魂,启智润心"教育目标,实现思想政治教育与技术技能培养的有机结合。

(3)教材编写过程中充分吸纳行业、企业专家,深入了解目前行业、企业对本专业人才的实际需求,由相关企业提供部分配套的教学资源和技术支持,行业、企业人员真正深度参与教材编写与开发。这样可进一步提高技能人才培养质量,帮助学生实现从学校学习到就业的紧密衔接。

(4)部分教材配备了丰富的教学资源(纸数融合),教材的知识点以二维码形式链接动画、视频资源,所有教材配有课件、习题及答案等,满足学生个性化学习的需求,提升教材使用体验感。

本书采用工学一体化教学模式编写,不仅融合了最新的新能源汽车底盘技术,还注重理论与实践的深度融合。通过项目导向、任务驱动的教学方式,通过真实维修任务,学生动手操作、分析问题,在解决实际问题的过程中掌握新能源汽车底盘故障诊断与排除的核心技能,从而提升自身的实践能力和职业素养。本书涵盖了新能源汽车底盘系统的各个方面,包括电驱动系统、悬架系统、行驶系统、制动系统、电控助力转向系统等关键系统。每个部分都详细介绍了其结构原理、常见故障诊断步骤、排除方法以及注意事项等内容,每个学习活动后都有评价表,以确保教学质量和正确评价学生的学习效果。

本书由浙江工贸职业技术学院汤彬和江苏省交通技师学院黄华担任主编并负责统稿,由上海交通职业技术学院华德余和江苏汽车技师学院施伟担任副主编。本书的编写人员还包括了多位在新能源汽车领域具有丰富教学和实践经验的教师与专家,他们根据各自的专业特长和研究方向,分别承担了不同章节的编写任务,具体分工为:任务一学习活动1~3由施伟编写,任务一学习活动4~5由华德余编写,任务二学习活动1~2由黄华编写,任务二学习活动3~4由江苏省交通技师学院彭小伟编写,任务二学习活动5由浙江工贸职业技术学院王晓慧编写,任务三由汤彬编写。在编写过程中,编者广泛征求了行业专家和一线技术人员的意见和建议,力求使本书更加贴近实际、实用性更强,在此向他们一并致谢,感谢他们为本书编写提供无私的帮助。

在编写本书过程中,编者借鉴和参考了大量国内外的汽车技术资料、维修资料和相关书籍,在此向相关作者深表感谢!由于编者水平有限,书中难免有错误和疏漏之处,恳请读者指正。

编 者
2024 年 12 月

目录
Contents

学习任务一

新能源汽车行驶异响故障诊断与排除

学习目标 》》》

知识目标

1. 掌握新能源汽车行驶系统的组成及工作原理；

2. 了解大众 ID.4 新能源汽车电驱动系统的组成及工作原理；

3. 了解大众 ID.4 新能源汽车悬架系统的组成及工作原理；

4. 了解大众 ID.4 新能源汽车转向系统的组成及工作原理；

5. 了解大众 ID.4 新能源汽车制动系统的组成及工作原理；

6. 能读懂大众 ID.4 新能源汽车行驶系统电路图；

7. 掌握大众 ID.4 新能源汽车行驶异响故障诊断步骤。

技能目标

1. 能阅读维修工单,根据班组长的描述及基本检查确认故障现象,填写车辆信息和故障信息；

2. 能查阅维修手册分析新能源汽车行驶系统组成及工作原理,结合故障现象,分析故障原因,编制新能源汽车行驶异响故障诊断与排除方案；

3. 能根据检测结果及故障原因分析,确定新能源汽车行驶异响维修项目,并征得班组长的同意；

4. 能根据故障诊断与排除方案,参照维修手册,准备工具、仪器设备、耗材物料,使用诊断设备和工具,对新能源汽车行驶系统的元件、控制线路及控制模块等实施数据检测、故障码读取、故障部位查找、故障点修复等作业。维修作业遵守汽车厂家操作规定、安全生产制度、环保管理制度及"8S"管理规定,养成良好的职业素养；

5. 能根据新能源汽车行驶系统运行性能要求对维修结果进行自检并记录结果和维护建议等信息后交给班组长检查；

6. 能撰写新能源汽车行驶系统维修技术总结(包括故障现象、故障原因、故障诊断与排除过程排除方法、经验和不足),并提出改进性建议。

素养目标

1. 提升分析判断能力和逻辑推理能力；

2.能与车主良好沟通,提高语言表达和沟通能力;

3.能感受到汽车电子技术的发展对汽车运行性能的影响,点燃"科技强国"梦想;

4.能够在工作过程中与小组其他成员分工、合作、交流,养成团队合作意识,锻炼沟通能力;

5.具备与本专业职业发展相适应的劳动素养、劳动技能;

6.遵守道德准则和行为规范,具备社会责任感和社会参与意识。

建议学时 》》》

50 学时

学习活动 》》》

学习活动 1　故障基本检查
学习活动 2　电驱动系统异响故障诊断与排除
学习活动 3　悬架系统异响故障诊断与排除
学习活动 4　转向系统异响故障诊断与排除
学习活动 5　制动系统异响故障诊断与排除

学习活动 1　故障基本检查

一 资讯

情境描述 》》》

一辆新能源汽车进厂维修,车主反映汽车行驶时有异响,经确认故障现象后,需要对故障进行检查。

学生在承接新能源汽车行驶异响故障基本检查任务后,与车主进行充分沟通,在规定时间内进行工作任务确认,并生成任务委托书;通过查阅维修手册,结合故障分析,编制汽车行驶异响故障检查实施方案,包括诊断步骤、人员安排、工具准备、注意事项等。学生可选择以独立或小组合作的方式,依据任务实施方案和作业流程,参照维修手册,准备工具、仪器设备、耗材物料,使用诊断设备和工具,对车辆行驶系统进行基本检查、故障码读取等作业;自检合格后,填写任务工单并进行质量检验。同时,学生应在教师指导下总结任务实施过程,撰写技术总结。在工作过程中,学生应牢固树立成本意识,严格遵守现场工作管理规范。

📋 任务要求 »»»

请你根据情境描述,在规定的时间内,分别完成汽车行驶异响故障检查实施方案的编制和故障的基本检查:

（1）请列出需要和车主沟通的内容;

（2）完成车辆的环车检查,填写好任务委托书;

（3）请查阅该车型的维修手册,查看汽车防抱死制动系统(ABS)的电路图,列出可能产生故障的原因,并说明理由;

（4）根据情境描述的故障现象,查阅维修手册等资料,制定一份尽可能详细的汽车 ABS 警告灯亮故障诊断与排除的解决方案,并全面而细致地说明采取此方案的理由;

（5）查阅维修手册,对车辆 ABS 进行基本检查;

（6）请列出在对汽车 ABS 进行基本检查过程中需要注意的事项。

📚 任务分组 »»»

全班学生分成若干个学习小组,每小组 4~6 人。

班组长:任务布置,组员分工。

服务顾问:接待问诊,基本检查,故障现象确认。

配件管理员:耗材准备。

工具管理员:工具设备准备,维修资料查阅。

维修技师:维修操作。

车间主管:维修质量检验。

二 🔌 计划

📑 知识链接 »»»

1. 新能源汽车定义

《节能与新能源汽车产业发展规划(2012—2020 年)》中提出,新能源汽车是指采用新型动力系统,完全或主要依靠新型能源驱动的汽车。新能源汽车主要包括纯电动汽车(Battery Electric Vehicle,BEV)(图 1-1)、混合动力电动汽车(Hybrid Electric Vehicle,HEV)(图 1-2)及燃料电池电动汽车(Fuel Cell Electric Vehicle,FCEV)(图 1-3)。

2. 纯电动汽车定义

《电动汽车术语》(GB/T 19596—2017)将纯电动汽车定义为驱动能量完全由电能提供的、由电机驱动的汽车。电机的驱动电能来源于车载可充电储能系统或其他能量储存装置。

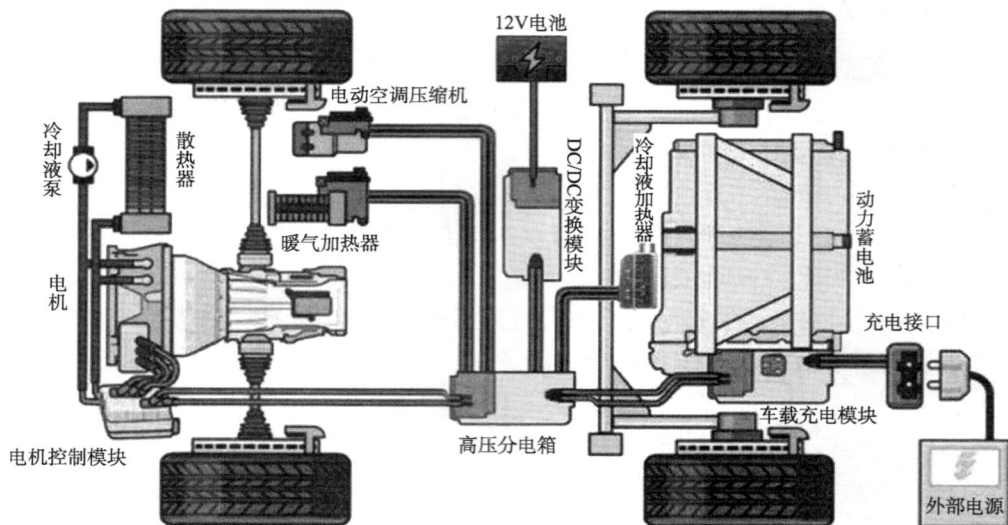

图 1-1　纯电动汽车

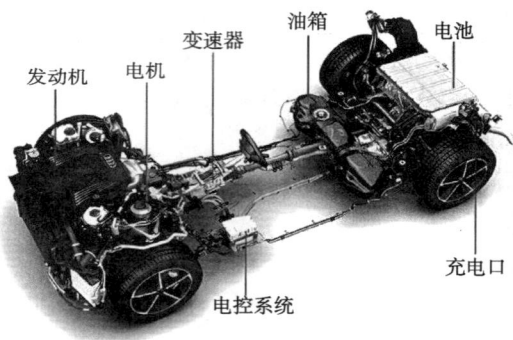

图 1-2　混合动力电动汽车

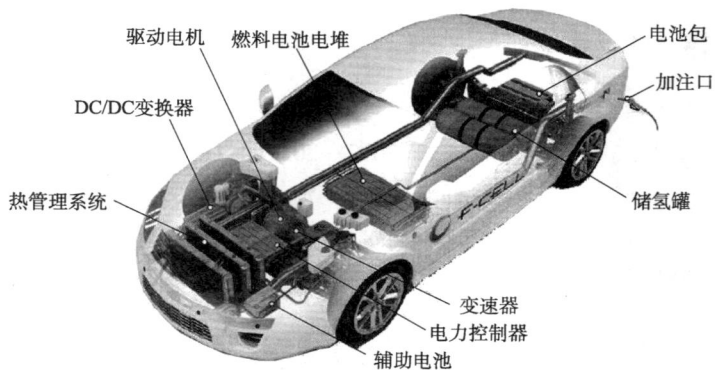

图 1-3　燃料电池电动汽车

3. 纯电动汽车基本结构和运行原理

纯电动汽车的结构组成包括电驱动以及控制系统、驱动力传动机械系统、完成既定任务的工作装置等。电驱动以及控制系统是纯电动汽车的基本组成部分，也是纯电动汽车的核心，由驱动电机、动力蓄电池系统、动力蓄电池和电控系统组成。其他装置和传统内燃汽车基本相同。

纯电动汽车主要依靠动力蓄电池、驱动电机、减速器、驱动电机控制器、整车控制器等部件相互协同驱动行驶。

当驾驶员踩下加速踏板，加速踏板位置传感器将驾驶员动作转变为电信号传递给整车控制单元(Vehicle Control Unit,VCU)，整车控制单元根据车辆其他传感器信号确定车辆状态，向驱动电机控制器和动力蓄电池管理单元发出相应指令，动力蓄电池控制器根据指令向驱动电机控制器输出高压直流电，驱动电机控制器根据指令控制逆变器将高压直流电转变为三相交流电，输出到驱动电机，驱动电机工作驱动减速差速装置，带动车轮前进或后退。

纯电动汽车的驱动过程中能量的流动主要有纯电动行驶和再生制动(能量回收)两条路径。

1)纯电动行驶

车辆纯电动行驶时，驱动电机控制器中的逆变器根据 VCU 计算的电机转矩信号为驱动电机提供三相交流电，驱动电机工作以产生驱动力，如图 1-4 所示。

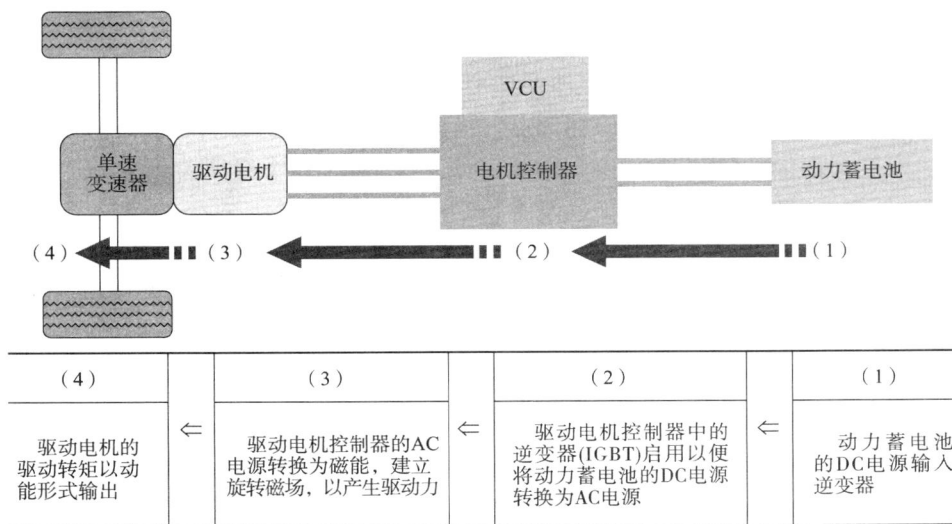

(4)		(3)		(2)		(1)
驱动电机的驱动转矩以动能形式输出	←	驱动电机控制器的AC电源转换为磁能，建立旋转磁场，以产生驱动力	←	驱动电机控制器中的逆变器(IGBT)启用以便将动力蓄电池的DC电源转换为AC电源	←	动力蓄电池的DC电源输入逆变器

图 1-4 纯电动行驶时的能量流动

2)再生制动(能量回收)

减速期间，驱动电机控制器中的逆变器通过高压系统的控制器局域网(Controller Area Network,CAN)总线从 VCU 发出再生转矩指令信号，控制驱动电机的发电功能，将车轮旋转产生的能量转换为电能并对动力蓄电池充电，驱动电机作为发电机时产生的再生转矩可以作为制动力,辅助车辆制动系统控制车辆,如图1-5所示。

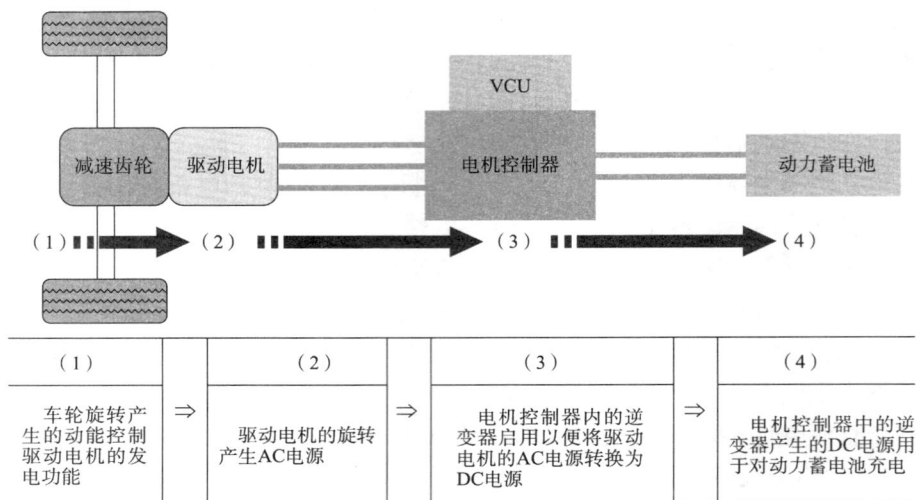

(1)		(2)		(3)		(4)
车轮旋转产生的动能控制驱动电机的发电功能	⇒	驱动电机的旋转产生AC电源	⇒	电机控制器内的逆变器启用以便将驱动电机的AC电源转换为DC电源	⇒	电机控制器中的逆变器产生的DC电源用于对动力蓄电池充电

图1-5　再生制动(能量回收)时的能量流动

4. 新能源汽车行驶异响故障检查

随着新能源汽车市场的日益繁荣,车辆异响问题也逐渐进入了公众视野。新能源汽车行驶中的异响不仅影响车主驾驶体验,还可能隐藏着更深层次的故障。因此,对新能源汽车行驶异响的故障诊断知识进行深入了解,对于车主和维修人员来说都至关重要。

新能源汽车行驶异响故障可能涉及多个方面,如蓄电池系统、驱动电机、传动系统以及车身结构等。这些部件在设计和制造过程中可能存在细微的缺陷,或者在长时间使用后发生磨损,都可能导致异响。因此,在进行故障诊断时,需要对车辆进行系统的检查,确保不遗漏任何一个可能的问题点。

与传统的燃油汽车相比,新能源汽车在故障诊断方面具有一定的特殊性。由于新能源汽车的动力系统和工作原理与传统汽车有所不同,因此需要采用更加专业的诊断工具和方法。例如,利用先进的振动分析仪器和声音识别技术,可以对新能源汽车的异响进行精确的定位和识别,从而快速找到故障源头。

此外,车主在日常使用过程中,应该注意观察车辆的运行状态,一旦发现异响等异常情况,应及时联系专业维修人员进行检查和维修。维修人员则需要不断学习和掌握新能源汽车的相关技术知识,提高故障诊断和维修能力,以便为车主提供优质服务。

任务确认 〉〉〉

连接故障诊断仪VAS 6150,按下一键启动开关,打开故障诊断仪,进入数据总线诊断接口,读取并记录相关故障码与数据流。车辆下电后清除故障码,车辆再次上电后,使用故障诊断仪再次读取故障码并和之前的故障码进行对比,分析故障码的性质。

故障码	故障含义
数据流	数据流相应参数

三 ⚡ 决策

(1)查阅维修手册或维修资料,并在下方框图中画出大众 ID.4 新能源汽车行驶系统的电路图。

（2）根据电路图，简述大众 ID.4 新能源汽车行驶系统工作原理。

（3）根据电路图分析大众 ID.4 新能源汽车行驶系统异响的故障原因，与组员讨论并完成下面的故障分析图(鱼骨图)。

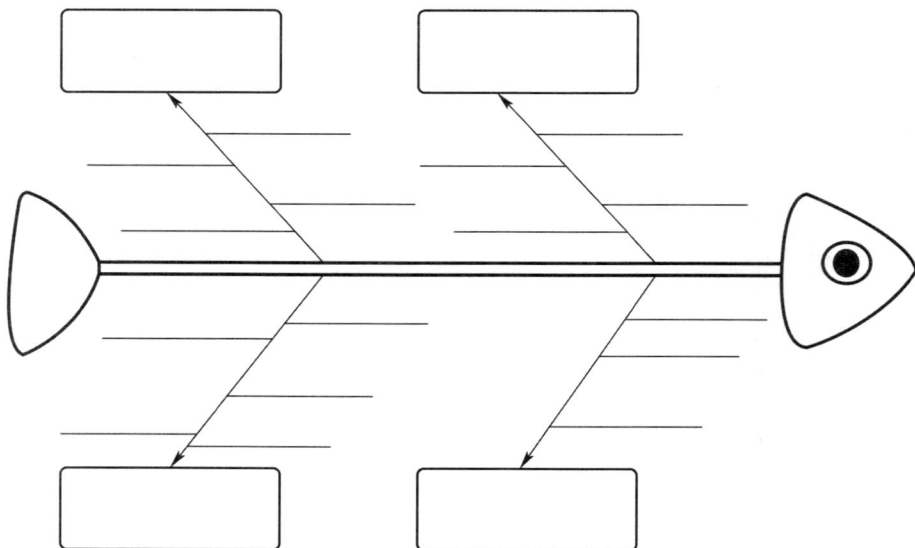

（4）通过查阅维修手册,结合故障分析,编制大众 ID.4 新能源汽车行驶异响故障检查实施方案。

诊断步骤 >>>

步骤 1：
步骤 2：
步骤 3：
步骤 4：
步骤 5：
步骤 6：
步骤 7：
步骤 8：
步骤 9：
步骤 10：
步骤 11：
步骤 12：

人员安排 >>>

请小组商量后,确定组员的角色及分工。

组员	角色及分工

工具准备 》》》

请根据相应的故障诊断需求,列出所需的工具设备清单。

序号	工具设备名称	作用

注意事项 》》》

请根据操作条件及故障诊断的需求,列出操作时的注意事项。

序号	注意事项
1	
2	
3	
4	
5	

四 🔌 实施

大众 ID.4 新能源汽车行驶异响故障检查步骤如下。

1. 验证故障现象
 路试车辆,验证故障现象。 提示:主要是注意异响出现的时机、频率和强度等信息,为后续的诊断提供重要线索
2. 安全防护工作
 (1)检查绝缘垫,布置警戒线,放置警示牌

2. 安全防护工作	
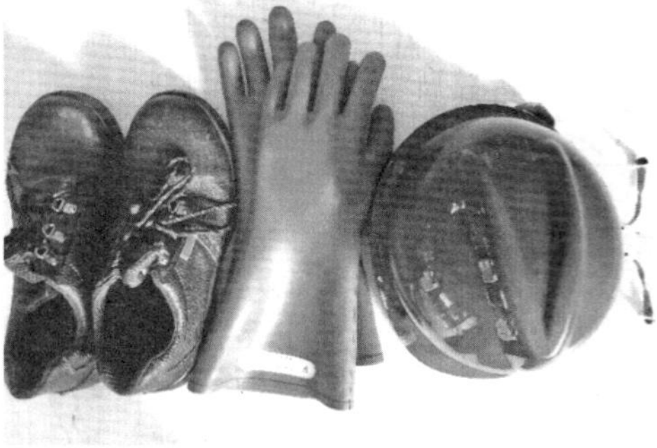	（2）绝缘手套、绝缘鞋、护目镜、安全帽外观及性能检查
	（3）绝缘万用表、绝缘工具箱外观及性能检查
 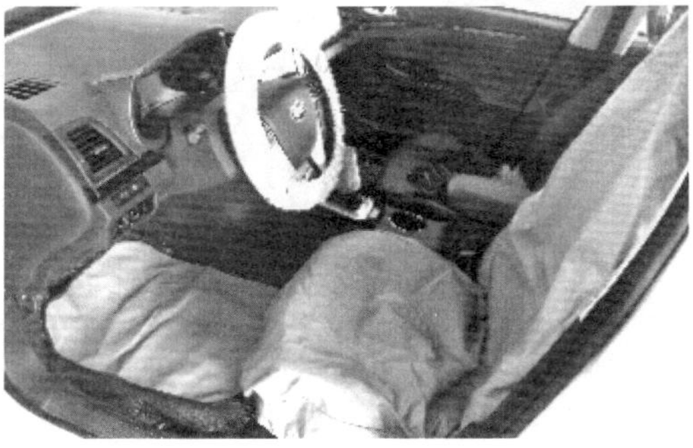	（4）铺设翼子板防护垫、汽车维修三件套、脚垫

3.系统检测

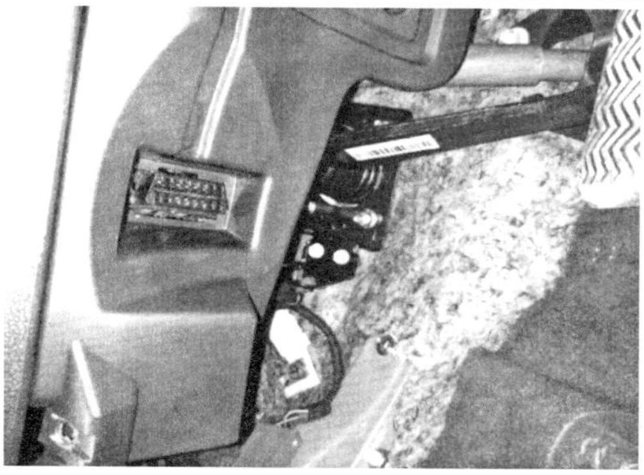	（1）连接诊断仪。 提示：诊断接口位于驾驶员仪表板下方
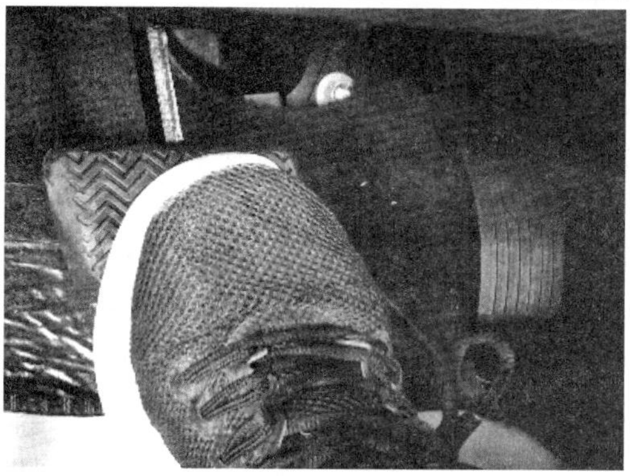 	（2）踩下制动踏板，并按下启动开关
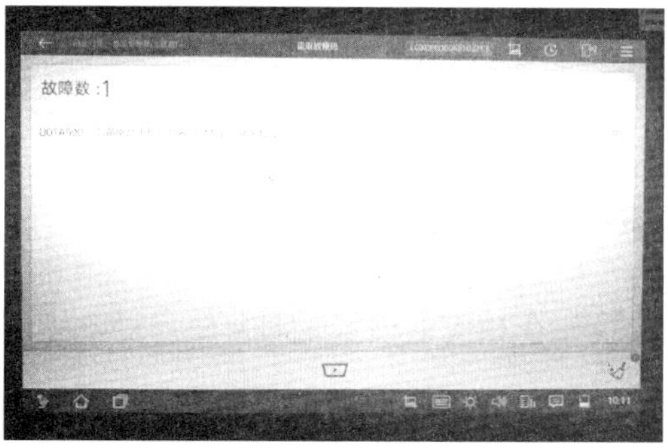	（3）读取故障码。 提示：读取时先扫描所有模块

续上表

4.外观、线路及元器件检查	
	（1）外观检查。 提示：主要排除外部因素引起的异响。检查内容包括轮胎、轮毂、悬架系统、车身等部位，查看是否有异常磨损、松动或损坏等现象。同时，还应检查车辆底部是否有异物碰撞或摩擦产生的痕迹
	（2）内部系统检查。 提示：主要检查动力驱动系统，包括驱动电机、动力蓄电池等部件，查看是否有故障或异常现象。同时，还应检查车辆的传动系统、制动系统、转向系统等部位，以排除这些系统引起的异响

（3）使用专业工具检查。
　　提示：如果以上步骤仍然无法确定异响的来源，那么需要使用专业工具进行进一步的检查。例如，可以使用听诊器、振动分析仪等工具来检测异响的具体位置和性质，可以更准确地判断故障的原因，从而采取更有效的维修措施

5.故障排除
（1）维修与排除故障。 　　在确定了异响的来源和性质后，根据故障的具体情况，进行更换部件、调整参数或其他维修操作。在维修过程中，应严格按照相关操作规范和安全要求进行操作，确保维修质量和安全
（2）试车验证异响是否消失

五　检查

用故障诊断仪 VAS 6150 读取故障码，根据诊断仪读出故障类型。

（1）关闭点火开关。

（2）将故障诊断仪连接到汽车故障诊断接口（U31）。

（3）按照诊断仪上的提示读出故障码（DTC）。

（4）清除故障码。

（5）再次读取故障码（是否依然存在故障码，在相应的横线上打√）。

是_____否_____

（6）验证车辆行驶是否有异响。

（7）整理,恢复作业场地。

六 评估

📋 活动总结 》》》

请根据维修过程撰写大众 ID.4 新能源汽车行驶异响故障基本检查技术总结。

＿＿＿＿＿＿＿技术总结
1.故障现象   2.故障原因   3.故障诊断与排除过程   4.经验和不足

📖 活动评价 》》》

根据下表进行自评、互评、教师评价。

大众 ID.4 新能源汽车行驶异响故障基本检查		实习日期：	
姓名：	班级：	学号：	教师签名：
自评：□熟练 □不熟练	互评：□熟练 □不熟练	师评：□合格 □不合格	
日期：	日期：	日期：	

【评分细则】

序号	评分项	得分条件	分值（分）	评分要求	自评	互评	师评
1	安全/8S/态度	□1）能进行工位 8S 操作 □2）能进行设备和工具安全检查 □3）能进行车辆安全防护操作 □4）能进行工具清洁、校准、存放操作 □5）能进行"三不落地"操作	15	未完成 1 项扣 3 分，扣分不得超过 15 分	□熟练 □不熟练	□熟练 □不熟练	□合格 □不合格
2	专业技术能力	□1）能正确读取故障码 □2）能正确读取数据流 □3）能正确检查计算机电源电路 □4）能正确更换"三合一"电驱动系统 □5）能正确判断故障点部位	50	未完成 1 项扣 5 分	□熟练 □不熟练	□熟练 □不熟练	□合格 □不合格
3	工具及设备的使用能力	□能正确使用维修工具	10	未完成 1 项扣 3 分，扣分不得超过 10 分	□熟练 □不熟练	□熟练 □不熟练	□合格 □不合格
4	资料、信息查询能力	□1）能正确使用维修手册查询资料 □2）能正确记录所需维修信息	10	未完成 1 项扣 3 分	□熟练 □不熟练	□熟练 □不熟练	□合格 □不合格
5	数据判断和分析能力	□1）能判断水电管路的好坏 □2）能判断故障单元	10	未完成 1 项扣 3 分	□熟练 □不熟练	□熟练 □不熟练	□合格 □不合格
6	表单填写能力	□1）字迹清晰 □2）语句通顺 □3）无错别字 □4）无涂改 □5）无抄袭	5	未完成 1 项扣 1 分，扣分不得超过 5 分	□熟练 □不熟练	□熟练 □不熟练	□合格 □不合格

总分：

学习活动2 电驱动系统异响故障诊断与排除

资讯

情境描述 >>>

一辆2022年产一汽-大众 ID.4 CROZZ 长续航版纯电动汽车,驱动电机型号为 EBN049953,行驶里程2.4万km。车主抱怨车辆购买1年以后,低速加速或制动时车辆后部发出明显的"噔、噔、噔"敲击声。故障在B挡模式行驶较明显,而且在踩下和松开加速踏板时异响明显,但在持续输出动力时不明显。

学生根据故障码指示,通过查阅维修手册,结合故障分析,制定新能源汽车电驱动系统异响故障诊断与排除实施方案,包括诊断步骤、人员安排、工具准备、注意事项等。学生可选择以独立或小组合作的方式,依据故障诊断与排除实施方案和作业流程,参照维修手册,准备工具、仪器设备、耗材物料,使用诊断设备和工具,对该新能源汽车电驱动系统实施数据检测、故障部位查找、故障点修复等作业;自检合格后,填写任务工单并进行质量检验。同时,学生应在教师指导下总结任务实施过程,撰写技术总结。在工作过程中,学生应牢固树立成本意识,严格遵守现场工作管理规范。

任务要求 >>>

请你根据情境描述,在规定的时间内,分别完成新能源汽车电驱动系统异响故障诊断与排除方案的编制和实施:

(1)请查阅该车型的维修手册,查看汽车电驱动系统电路图,列出可能存在的故障原因,并说明理由;

(2)根据初步检查后确认的故障现象,查阅维修手册等资料,制定一份尽可能详细的汽车电驱动系统异响故障诊断与排除方案,并全面而细致地说明采取此方案的理由;

(3)请列出在汽车电驱动系统异响故障诊断与排除过程中需要注意的事项。

任务分组 >>>

全班学生分成若干个学习小组,每小组4~6人。

班组长:任务布置,组员分工。

服务顾问:接待问诊,基本检查,故障现象确认。

配件管理员:耗材准备。

工具管理员:工具设备准备,维修资料查阅。

维修技师:维修操作。

车间主管:维修质量检验。

二　计划

知识链接 》》》

纯电动汽车驱动
系统组成

纯电动汽车驱动
系统原理

1.新能源汽车电驱动系统概述

1)纯电动汽车驱动系统

纯电动汽车和传统燃油汽车不同的地方在于驱动系统。纯电动汽车的驱动源只有驱动电机,而传统燃油汽车主要由发动机、底盘、车身、电气设备四大部分组成。纯电动汽车与传统燃油汽车相比,取消了发动机,传动机构发生了改变,根据驱动方式不同,部分部件已经简化或者取消,同时增加了电源系统和驱动电机等新机构。由于以上系统功能发生改变,纯电动汽车由新的四大部分组成,即电驱动以及控制系统、底盘、车身、辅助系统。

(1)传统驱动系统布置形式。

传统后驱动布置形式如图1-6所示,它与传统燃油汽车后轮驱动系统的布置方式基本一致,含离合器、变速器和传动轴,驱动桥与传统燃油汽车驱动桥一样,只是将发动机换成驱动电机。变速器通常有两三个挡位,可以提高电动汽车的起动转矩及低速行驶时的后备功率。这种布置形式一般用于改造型电动汽车。

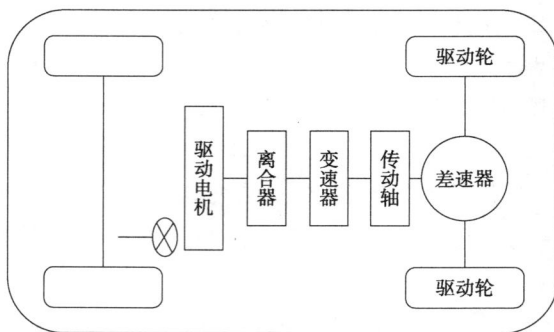

图1-6　传统后驱动布置形式

传统驱动系统布置形式的工作原理类同于传统燃油汽车。其中,离合器用来切断或接通驱动电机与车轮之间的动力传递;变速器是一套具有不同速比的齿轮机构,驾驶员可按需选择不同的挡位。低速时车轮获得大转矩、低转速,而高速时车轮获得小转矩、高转速。由于采用了调速电机,传统驱动系统布置形式下的变速器可相应简化,挡位一般有 2 个即可,倒挡也可利用驱动电机的正反转来实现。驱动桥内的机械式差速器使得汽车在转弯时左右车轮保持不同的转速。这种模式主要用于早期的纯电动汽车,省去了较多的设计要素,也适于对原有汽车的改造。

（2）电机驱动桥整体式驱动系统布置形式。

电机驱动桥组合后驱动布置形式如图 1-7 所示。它取消了离合器、变速器和传动轴,但具有减速差速机构,集成驱动电机、固定传动比的减速器和差速器,通过 2 个半轴来驱动车轮。此种布置形式的整个传动长度比较小,传动装置体积小,占用空间小,容易布置,可以进一步降低整车的质量;但对驱动电机的要求较高,不仅要求驱动电机具有较高的起动转矩,而且具有较大的后备功率,以保证电动汽车的起动、爬坡、加速超车等的动力性。一般低速电动汽车采用这种布置形式。这种驱动系统布置形式具有良好的通用性和互换性,便于在现有的汽车底盘上安装,使用、维修也较方便。

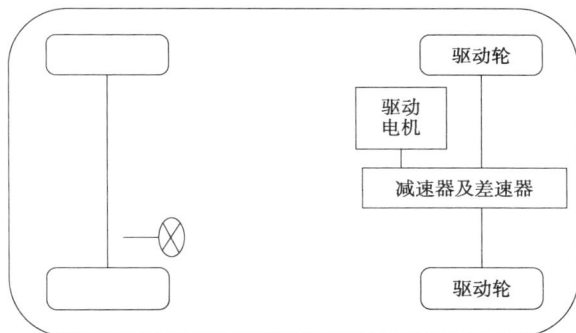

图 1-7　电机驱动桥组合后驱动布置形式

（3）双联式独立驱动系统布置形式。

双联式独立驱动系统也称为双电机驱动系统,由左右两个永磁电机直接通过固定速比减速器分别驱动两个车轮,左右两个驱动电机由中间的电控差速器控制,每个驱动电机的转速可以独立地调节控制,便于实现电子差速,不必选用机械差速器。

双联式独立驱动系统取消了齿轮传动机构,完全实现了机电一体化传动。它由左右两个永磁同步电机直接通过半轴带动车轮转动,如图 1-8 所示。左右两个电机由中央控制器的电控差速模块控制,形成机电一体化的差速器,使驱动系统的结构大大简化,质量显著降低。它比一般机械式差速器更可靠和轻便。和相同功率的单电机驱动桥传动系统相比较,双电机驱动桥传动系统的电机直径要小得多,所以可以将双联式电机驱动桥布置在纯电动汽车的地板下面,这样更加有利于车辆的整体布置,但是双联式电机的轴向长度要大一些。

（4）轮毂电机独立驱动。

轮毂驱动系统可以设置在纯电动汽车的两个前轮、两个后轮或四个车轮的轮毂中,从而实现前轮驱动、后轮驱动或四轮驱动。

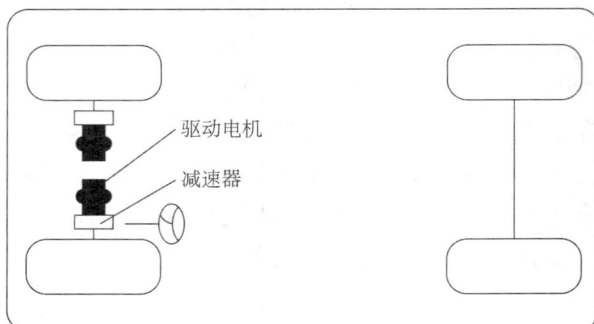

图 1-8　双联式独立驱动系统布置形式

轮毂驱动系统包括两种结构:一种是内定子外转子结构,其外转子直接安装在车轮的轮缘上,因为这种结构没有机械减速机构提供减速,所以一般要求驱动电机为低速转矩电机;另一种就是常见的内转子外定子结构,其内转子作为输出轴,与固定减速比的行星齿轮变速器的太阳轮相连,而车轮轮毂与其齿圈连接,这样可以提供较大的减速比来放大其输出转矩,如图 1-9 所示。

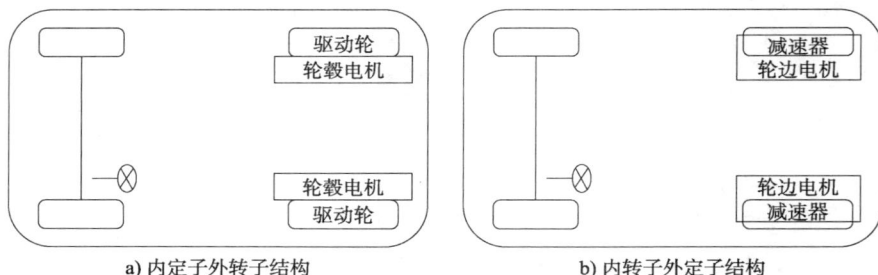

a) 内定子外转子结构　　　　　　　　　b) 内转子外定子结构

图 1-9　轮毂电机独立驱动

当使用轮毂电机独立驱动时,纯电动汽车的驱动电机输出的转矩传递到驱动车轮的路径明显缩短,这样可腾出足够的空间,便于对车身总体进一步优化,而且使用内定子外转子结构,还能够提高对车轮动态响应的控制性能。采用轮毂电机时,因为可以对每个电机的转速进行单独调节控制,所以可以实现电子差速,这样既可省去机械差速器,还有利于提高汽车在转弯时的操纵性。根据轮毂电机的布置形式,纯电动汽车可以分为双前轮驱动、双后轮驱动和前后四轮驱动。

轮毂电机技术又被称为车轮内装电机技术,其最大特点就是将动力装置、传动装置和制动装置整合到轮毂内。相较于其他驱动形式的电动汽车,轮毂电机独立驱动型电动汽车有着极其显著的优点,发展前景广阔。

①极大地简化了机械传动机构,不仅去掉了发动机、冷却系统、排气消声系统和油箱等相应的辅助装置,还省去了变速器、万向传动部件及驱动桥,减轻自重并有效地提高传动效率,实现节能和降噪。

②腾出了许多有效空间,有利于汽车结构布局。

③由于驱动电机直接驱动车轮,缩短了传动链,所以大大增强了对车轮控制的动态响应,可实现汽车的一些高性能控制功能,如横向移动、原地旋转等。

④有利于再生制动。

⑤可实现多种驱动方式。因为轮毂电机具有显著的单轮独立驱动的特性,无论是前驱、后驱、四驱或多驱,都可以较轻松地实现,特别是全时四驱,在轮毂电机驱动的车辆中尤为容易实现。另外,轮毂电机可以通过左右轮不同转速或转向,实现差动转向,大大减小车辆转弯半径。

这一技术在较大的矿山运输车上已得到应用,而在较小型的乘用车领域,轮毂电机普及尚需时日。日本在此方面的研发时间较长,技术处于领先地位。米其林公司最新研发的轮毂电机能够把电机和电子主动悬架都整合到车轮内,其结构如图 1-10 所示。

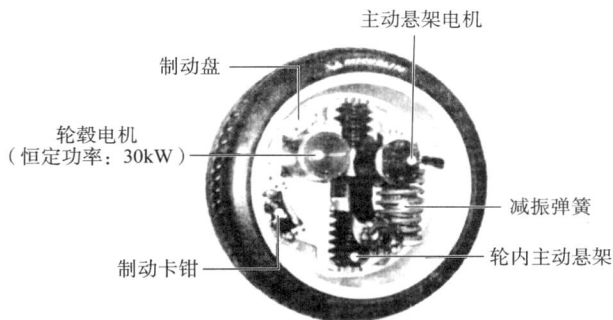

图 1-10 米其林轮毂电机结构图

国内也有自主品牌汽车厂商涉足了轮毂电机技术领域,如奇瑞汽车股份有限公司。在 2011 年上海车展上,该公司展出了瑞麒 X1 增程式电动汽车,这款车就采用了轮毂电机技术。

2)电动汽车运行原理

电动汽车运行原理如图 1-11 所示,细实线表示控制信号连接,粗实线表示能量连接,双线表示机械连接。来自制动踏板或加速踏板的控制信号输入电子控制单元(Electronic Control Unit,ECU),并通过控制功率转换器调节驱动电机输出转矩和转速,电机转矩再通过机械传动装置驱动车轮转动。充电器通过外部充电接口向蓄电池组充电,车辆行驶时,蓄电池组经功率转换器向驱动电机供电。汽车制动时,驱动电机处于发电状态,将汽车部分动能吸收,并重新转化为电能向蓄电池组供电,从而延长汽车的续驶里程。

2. 大众 ID.4 汽车电驱动系统

大众 ID.4 汽车有两驱和四驱两种型号,两驱车型的驱动形式为电机后置后驱,如图 1-12 所示。

大众 ID.4 汽车的电驱动系统集成度较高,驱动电机、减速器和电机控制器集成于一体,简称"三合一"电驱动系统,如图1-13所示。

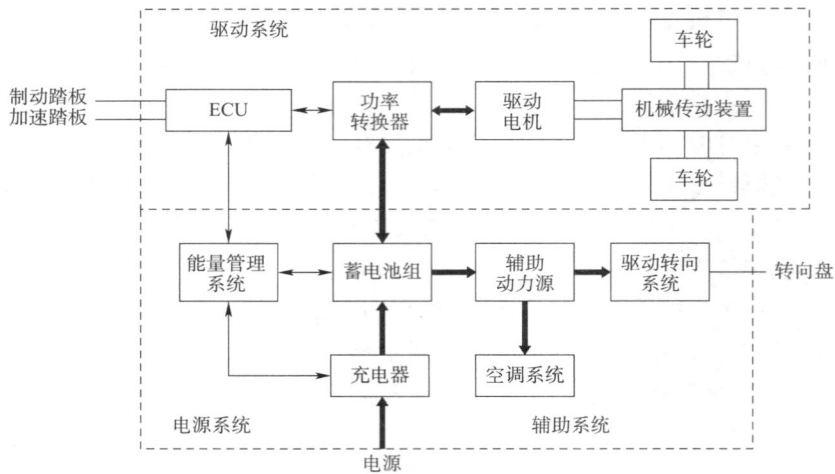

图1-11 电动汽车运行原理框图

图1-12 大众ID.4汽车两驱车型驱动形式图

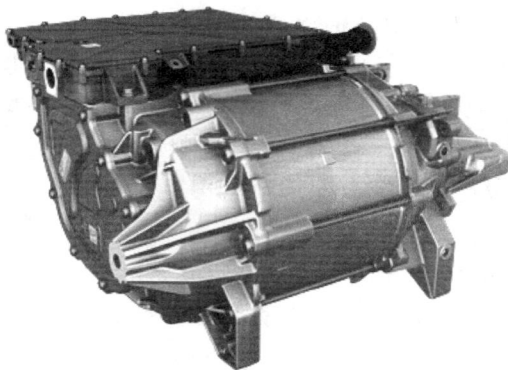

图1-13 大众ID.4汽车"三合一"电驱动系统

在"三合一"电驱动系统下,驱动电机、电机控制器和减速器可以共用部分壳体,从而减少传动部件。这样可减轻系统质量、缩小系统尺寸,有效提升电驱动系统的功率密度。零部件的数量减少后,系统整体耐用度大大提高,系统噪声、振动与声振粗糙度(NVH值)得到有效控制,制造成本降低,有利于整车企业进行组装生产。

大众 ID.4 汽车两驱车型电路连接原理如图 1-14 所示。

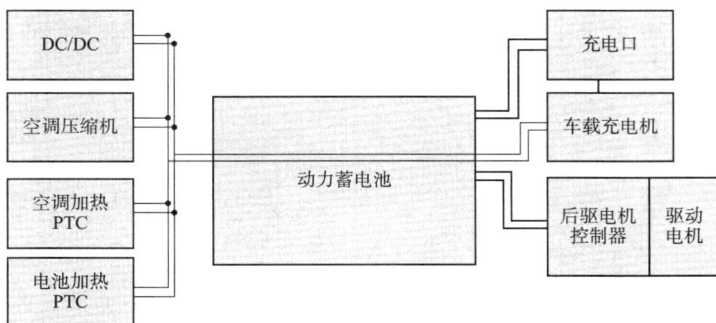

图 1-14　大众 ID.4 汽车两驱车型电路连接原理图

3.新能源汽车电驱动系统异响故障原因分析

大众 ID.4 新能源汽车搭载的三相交流永磁同步电动机,其核心结构为永磁体转子和需要形成旋转磁场的定子。为驱动转子转动,定子三相绕组需通入三相交流电。若定子输入缺失一相,将无法构建旋转磁场,导致电动机无法启动。此时,剩余两相定子绕组将交替产生磁场,对转子产生吸引力,引发转子及定子绕组线圈与铁芯的振动,产生异常声响。

驱动电机异响故障原因,可分为机械和电气两个方面。在机械方面,可能的原因包括电动机转子扫膛、转子轴承磨损、轴承过松或过紧、转子动不平衡以及紧固件松动。而在电气方面,主要原因可能包括电动机缺相运行、绕组短路导致的相电流不平衡以及相绕组断路等。这些故障原因如图 1-15 所示,维修人员需要仔细排查和修复,以确保电动机的正常运行。

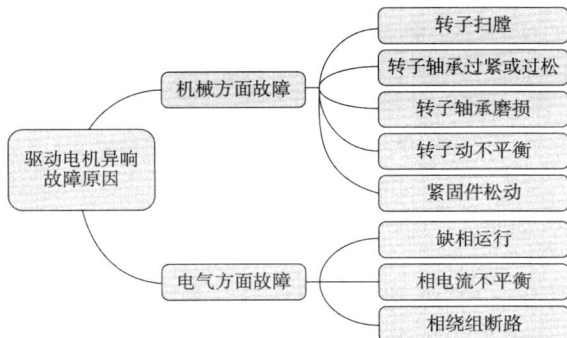

图 1-15　驱动电机异响故障原因

新能源汽车驱动电机异响故障诊断流程如图 1-16 所示。

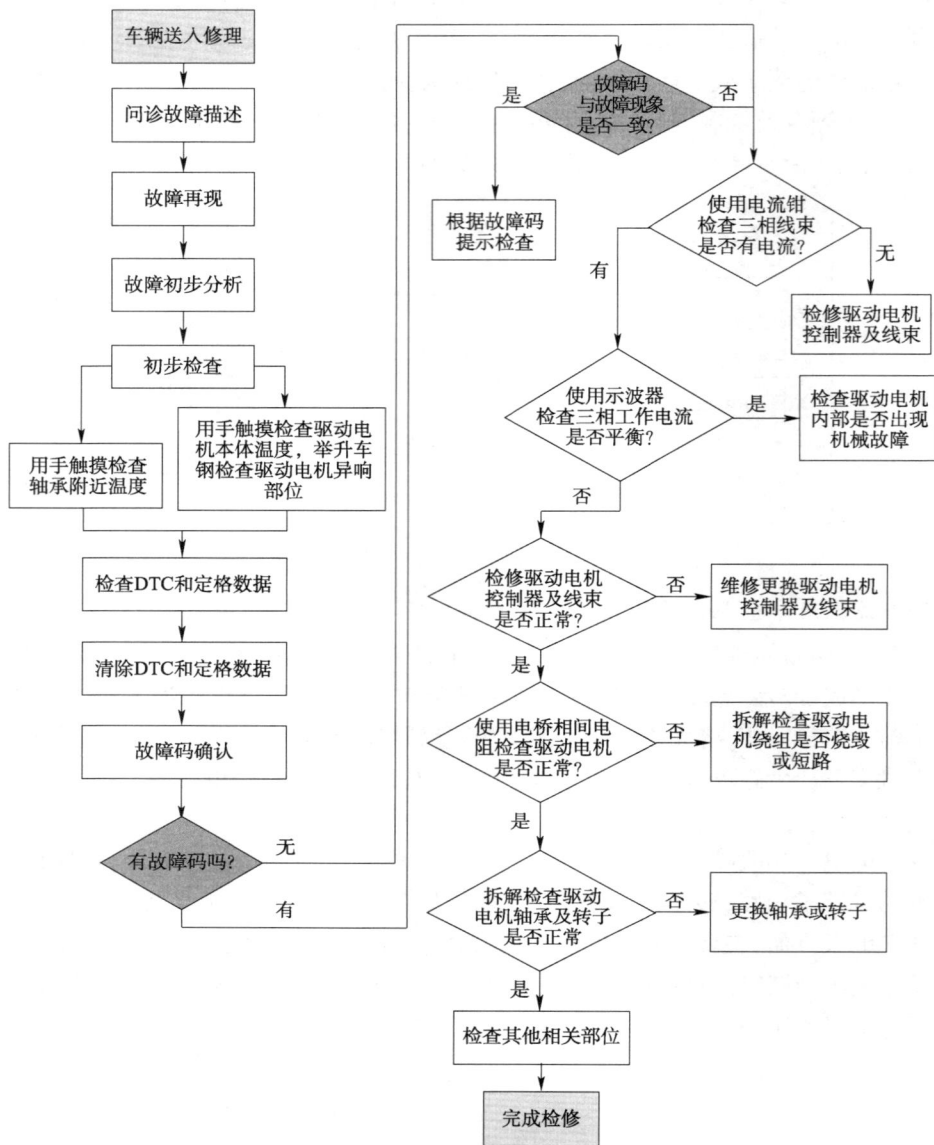

图 1-16　驱动电机异响故障诊断流程

任务确认 >>>

连接故障诊断仪 VAS 6150，按下一键启动开关，打开故障诊断仪，进入数据总线诊断接口，读取并记录相关故障码与数据流。车辆下电后清除故障码，车辆再次上电后，使用故障诊断仪再次读取故障码并和之前的故障码进行对比，分析故障码的性质。

故障码	故障含义
数据流	数据流相应参数

三 决策

（1）查阅维修手册或维修资料，并在下方框图中画出大众ID.4新能源汽车电驱动系统的电路图。

（2）根据电路图，简述大众ID.4新能源汽车电驱动系统工作原理。

（3）根据电路图分析大众ID.4新能源汽车电驱动系统异响的故障原因，与组员讨论并完成下面的故障分析图（鱼骨图）。

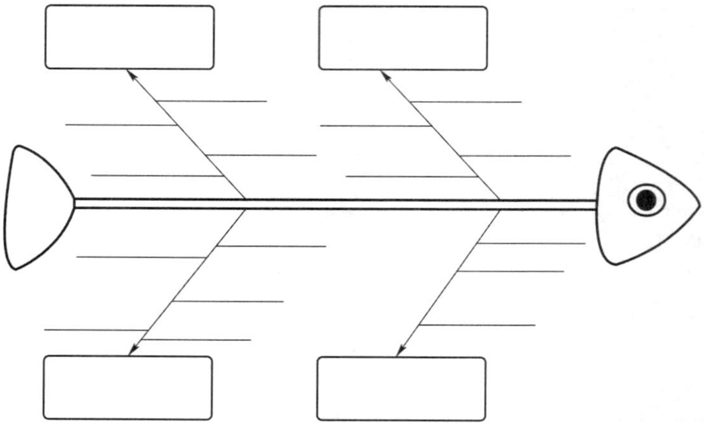

（4）通过查阅维修手册，结合故障分析，编制大众 ID.4 新能源汽车电驱动系统异响故障诊断与排除实施方案。

诊断步骤 >>>

步骤 1：

步骤 2：

步骤 3：

步骤 4：

步骤 5：

步骤 6：

步骤 7：

步骤 8：

步骤 9：

步骤 10：

步骤 11：

步骤 12：

人员安排 >>>

请小组商量后，确定组员的角色及分工。

组员	角色及分工

📋 **工具准备** >>>

请根据相应的故障诊断需求,列出所需的工具设备清单。

序号	工具设备名称	作用

📰 **注意事项** >>>

请根据操作条件及故障诊断的需求,列出操作时的注意事项。

序号	注意事项
1	
2	
3	
4	
5	

四 ⚡ **实施**

大众 ID.4 新能源汽车电驱动系统异响故障诊断与排除步骤如下。

1.验证故障现象	
	踩下制动踏板,并按下启动开关,观察仪表提示信息及警告灯。 提示:留意仪表提示信息

2.安全防护工作	
	（1）检查绝缘垫，布置警戒线，放置警示牌
	（2）绝缘手套、绝缘鞋、护目镜、安全帽外观及性能检查
	（3）绝缘万用表、绝缘工具箱外观及性能检查

2. 安全防护工作	
 	（4）铺设翼子板防护垫、汽车维修三件套、脚垫
3. 系统检测	
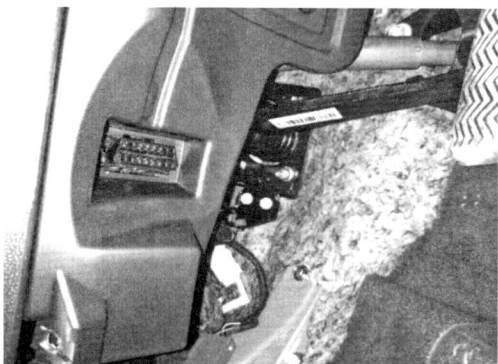	（1）连接诊断仪。 提示：诊断接口位于驾驶员仪表板的下方

3. 系统检测	
	（2）踩下制动踏板，并按下启动开关
	（3）读取故障码。 提示：读取时先扫描所有模块
4. 线路及元器件检测	
	（1）检查驱动电机冷却系统管路、水箱管路

4.线路及元器件检测

	（2）检查各控制单元及线束插头有无松动、破损等现象
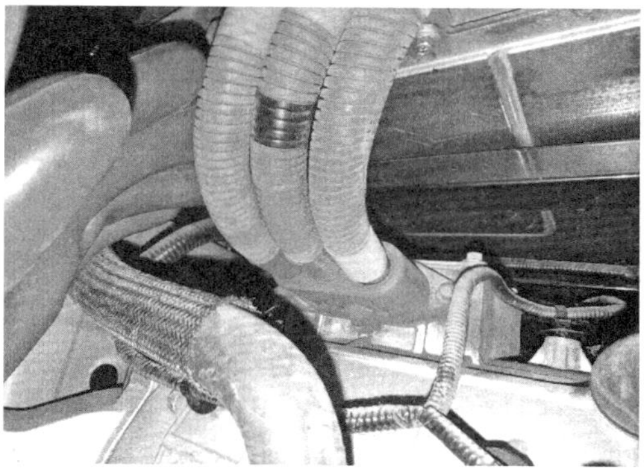	（3）断开蓄电池的负极，检查驱动电机低压线束插接器和三相线束
	（4）确认异响部位。 提示：让一位组员趴在行李舱内，然后驾车进行路试，确认响声来自车辆后部底盘，并且位于车辆底部的中间位置。将车开到维修地沟上前后反复行驶，发现响声是从驱动电机内部发出
	（5）故障现象分析。 提示：由于加速阶段有异响，持续驱动时向外输出动力无异响；制动时驱动电机不会继续向外输出动力，故障车制动时依然有响声，因此故障现象可能与能量回收有关系

4.线路及元器件检测	
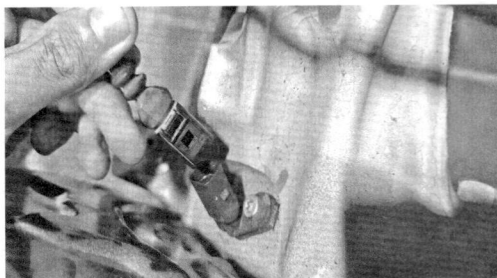	（6）拔下 ABS 轮速传感器插接器,以防止能量回收系统运行。试车发现响声彻底消失,插入轮速传感器的插接器使能量回收介入后响声再现。由此判断驱动电机故障。 提示:由于该车型采用驱动电机、电机控制器和减速器高度集成的"三合一"组件,经查询,驱动电机没有单独零件提供,所以只能更换"三合一"总成件
5.故障排除	
	（1）更换"三合一"总成件。 提示:含功率电子装置的新驱动电机安装后,需要匹配防盗系统,车辆才可以进入 READY 状态
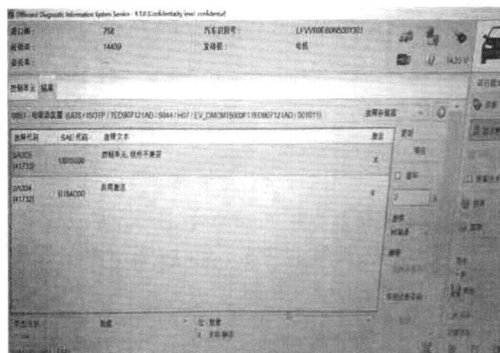	（2）试车发现响声消失,但功率电子装置报故障码"41733——控制单元,软件不兼容",同时仪表板高电压系统黄色故障指示灯点亮

续上表

5. 故障排除	
	（3）用 ODIS 服务版解 SFD 后改用 ODIS 工程版进入 HEX 服务，输入"2E 09 03 01"，返回值为"6E 09 03"。重新开关点火开关后，故障码可以删除（如返回值不是"6E 09 03"，请确认 SFD 已解除重新操作）。 分析：由于新的驱动电机软件版本较高，在对功率电子装置控制单元进行在线软件配置时，系统直接提示"ERP0617"，即未能计算出控制单元信息而导致匹配失败。用其他正常车辆尝试给新安装的功率电子装置进行在线软件配置，发现只能显示匹配值，并没有参数设置和编码
6. 验证故障	
	打开点火开关，踩制动踏板，观察仪表是否正常。 回顾总结：该车是因为后驱动电机内部机械故障，能量回收让负荷的切换力度加大而产生异响。针对这类后驱动电机异响故障，可以通过拔 ABS 轮速传感器插接器试车快速判断

五 检查

用故障诊断仪 VAS 6150 读取故障码，根据诊断仪读出故障类型。

（1）关闭点火开关。

（2）将故障诊断仪连接到汽车故障诊断接口（U31）。

（3）按照诊断仪上的提示读出故障码（DTC）。

（4）清除故障码。

（5）再次读取故障码（是否依然存在故障码，在相应的横线上打√）。

是_____ 否_____

（6）验证电驱动系统是否正常工作。

（7）整理，恢复作业场地。

六 评估

活动总结 »»»

请根据诊断与排除过程撰写大众 ID.4 新能源汽车电驱动系统异响故障诊断与排除技术总结。

_____技术总结
1.故障现象
2.故障原因
3.故障诊断与排除过程
4.经验和不足

活动评价 »»»

根据下表进行自评、互评、教师评价。

大众 ID.4 新能源汽车电驱动系统异响故障诊断与排除			实习日期：			
姓名：		班级：	学号：		教师签名：	
自评:□熟练 □不熟练		互评:□熟练 □不熟练	师评:□合格 □不合格			
日期：		日期：	日期：			

【评分细则】							
序号	评分项	得分条件	分值 （分）	评分要求	自评	互评	师评
1	安全/ 8S/态度	□1）能进行工位 8S 操作 □2）能进行设备和工具安全检查 □3）能进行车辆安全防护操作 □4）能进行工具清洁、校准、存放操作 □5）能进行"三不落地"操作	15	有 1 项未完成扣 3 分	□熟练 □不熟练	□熟练 □不熟练	□合格 □不合格
2	专业技术能力	□1）能正确读取故障码 □2）能正确读取数据流 □3）能正确检查计算机电源电路 □4）能正确更换"三合一"电驱动系统 □5）能正确判断故障点部位	50	有 1 项未完成扣 10 分	□熟练 □不熟练	□熟练 □不熟练	□合格 □不合格
3	工具及设备的使用能力	□能正确使用维修工具	10	未完成扣10 分	□熟练 □不熟练	□熟练 □不熟练	□合格 □不合格
4	资料、信息查询能力	□1）能正确使用维修手册查询资料 □2）能正确记录所需维修信息	10	有 1 项未完成扣 5 分	□熟练 □不熟练	□熟练 □不熟练	□合格 □不合格
5	数据判断和分析能力	□1）能判断水电管路的好坏 □2）能判断故障单元	10	有 1 项未完成扣 5 分	□熟练 □不熟练	□熟练 □不熟练	□合格 □不合格
6	表单填写能力	□1）字迹清晰 □2）语句通顺 □3）无错别字 □4）无涂改 □5）无抄袭	5	有 1 项未完成扣 1 分	□熟练 □不熟练	□熟练 □不熟练	□合格 □不合格
总分：							

学习活动 3　悬架系统异响故障诊断与排除

一　资讯

情境描述 >>>

　　一辆大众 ID.4 新能源汽车的车主抱怨车辆在行驶过程中,底盘有异响,特别是道路颠簸、突然制动、转弯时,怀疑是悬架部位发出异响。

　　学生根据故障码指示,通过查阅维修手册,结合故障分析,制定新能源汽车悬架系统异响故障诊断与排除实施方案,包括:诊断步骤、人员安排、工具准备、注意事项等。学生可选择以独立或小组合作的方式,依据故障诊断与排除实施方案和作业流程,参照维修手册,准备工具、仪器设备、耗材物料,使用诊断设备和工具,对该车辆悬架系统实施数据检测、故障部位查找、故障点修复等作业;自检合格后,填写任务工单并进行质量检验。同时,学生应在教师指导下总结任务实施过程,撰写技术总结。在工作过程中,学生应牢固树立成本意识,严格遵守现场工作管理规范。

任务要求 >>>

　　请你根据情境描述,在规定的时间内,分别完成新能源汽车悬架系统异响故障诊断与排除方案的编制和实施:

　　(1)请查阅该车型的维修手册,查看汽车悬架系统电路图,列出可能存在的故障原因,并说明理由;

　　(2)根据初步检查后确认的故障现象,查阅维修手册等资料,制定一份尽可能详细的汽车悬架系统异响故障诊断与排除方案,并全面而细致地说明采取此方案的理由;

　　(3)请列出在汽车悬架系统异响故障诊断与排除过程中需要注意的事项。

任务分组 >>>

　　全班学生分成若干个学习小组,每小组 4 ~ 6 人。

　　班组长:任务布置,组员分工。

　　服务顾问:接待问诊,基本检查,故障现象确认。

　　配件管理员:耗材准备。

　　工具管理员:工具设备准备,维修资料查阅。

　　维修技师:维修操作。

车间主管:维修质量检验。

二 计划

知识链接 》》》

1.汽车电子控制悬架系统认知

1)电子控制悬架系统的结构

汽车电子控制悬架系统主要由传感器、电子控制单元、悬架系统执行器等组成,如图1-17所示。目前,电子控制悬架的控制形式主要有两种,即液压控制和气压控制。

目前,空气悬架的弹性元件不再是传统的钢板弹簧或螺旋弹簧,而是充入了压缩气体的空气弹簧,减振效果大大优于传统的悬架,多用于高档轿车或高档客车。电子调整空气悬架中储有起弹簧作用的压缩空气,弹簧刚度和汽车高度可根据驾驶条件自动控制。减振器的阻尼力也由电子控制系统控制,以防止车辆侧倾、制动时前部栽头和高速行驶中后部较重时汽车姿势发生变化,能提高乘坐的舒适性和操纵性。

电子控制悬架系统基本结构由3个部分组成,如图1-17所示。

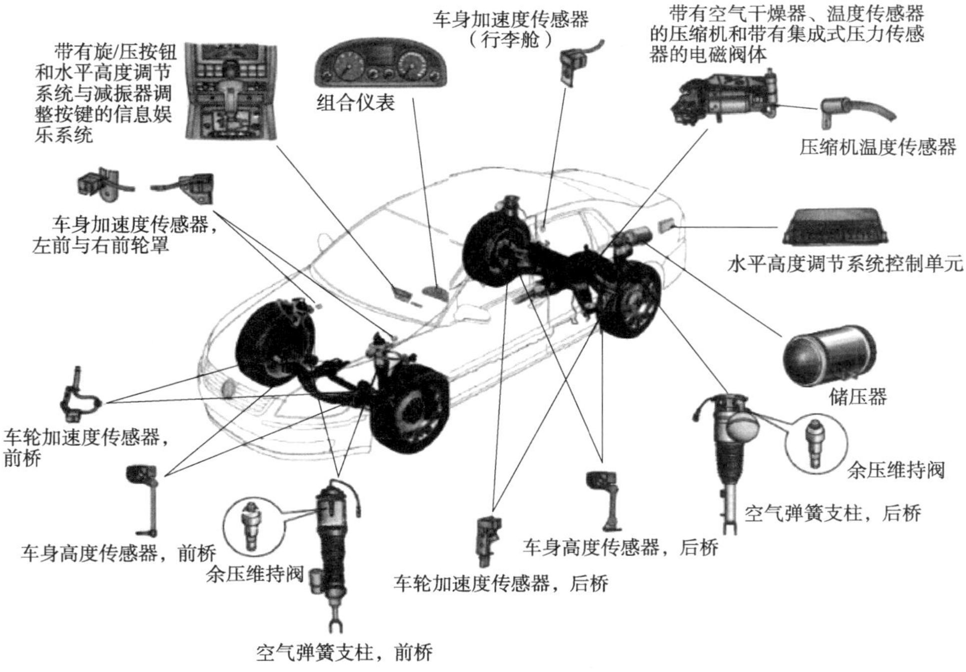

图1-17 汽车电子控制悬架系统构成

传感器:车高传感器、车速传感器、加速度传感器、转向盘转角传感器、节气门位置传感器。

电子控制单元:ECU。

执行机构:可调阻尼力的减振器、可调节弹簧高度和弹性大小的弹性元件。

2)电子控制悬架系统的基本工作原理

如图 1-18 所示,车身状态传感器和开关给 ECU 提供加速度、位移及其他目标参数等信号,ECU 根据各传感器送来的信号进行运算分析,向悬架执行元件发出指令信号,使执行元件(如阻尼调节步进电机)产生一定的机械动作,调节悬架参数的执行器(电磁阀、步进电机等)改变悬架的刚度、阻尼系数和车身高度,使车辆在行驶过程中具有良好的平顺性和操纵稳定性。

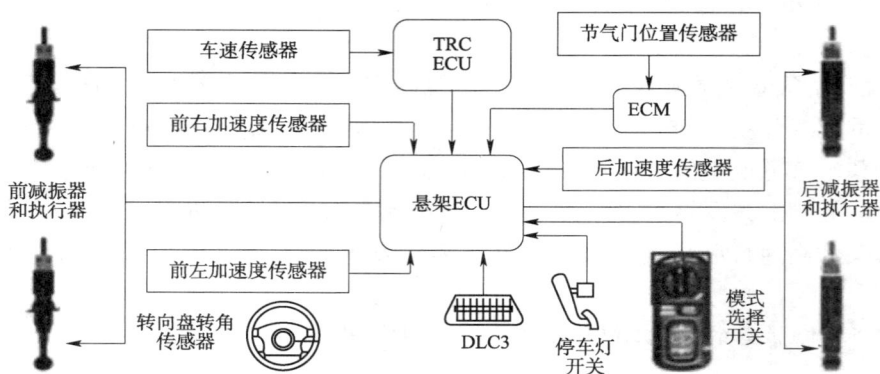

图 1-18　电子控制悬架系统的基本工作原理

2. 汽车电子控制悬架系统的功能和分类

1)电子控制悬架系统的功能

电子控制悬架系统通过控制和调节悬架的刚度和阻尼力,突破传统被动悬架的局限性,使汽车的悬架特性与道路状况和行驶状态相适应,从而使汽车行驶的平顺性和操纵的稳定性要求都能得到满足。

(1)车身高度调整。

无论车辆负载多少,都可以使汽车高度一定,车身保持水平,从而使前照灯光束方向保持不变;当汽车在坏路面上行驶时,车身可升高,防止车桥与路面相碰;当汽车高速行驶时,车身又可降低,从而减少空气阻力,提高操纵稳定性。

(2)减振器阻尼力控制。

通过对减振器阻尼系数的调整,防止汽车急速起步或急加速时车尾下蹲;防止紧急制动时的车头下沉;防止汽车急转弯时车身横向摇动;防止汽车换挡时车身纵向摇动等,提高汽车行驶的平顺性和操纵稳定性。

(3)弹簧刚度控制。

与减振器一样,在各种工况下,通过对弹簧弹性系数的调整,来提高汽车的乘坐舒适性与操纵稳定性。

有些车型只具有其中的一种或两种功能,而有些车型兼具以上三种功能。

2)电子控制悬架系统的分类

现代汽车的电子控制悬架系统种类繁多。按传力介质的不同,可分为油压式和气压式两种。按控制理论不同,可分为半主动式、主动式两大类。其中半主动式又分为有级半主动式(阻尼力有级可调)和无级半主动式(阻尼力连续可调)两种。主动式悬架根据频带和能量消耗的不同,分为全主动式(频带宽大于15Hz)和慢全主动式(频带宽3~6Hz)。此外,根据驱动机构和介质的不同,主动式悬架可分为电磁阀驱动的油气主动式悬架和步进电动机驱动的空气主动式悬架。

无级半主动式悬架可以根据路面的行驶状态和车身的响应对悬架阻尼力进行控制,并在几毫秒内将阻尼力由最小升到最大,使车身的振动响应始终被控制在某个范围内。但在转向、起步、制动等工况下,无级半主动式悬架不能对阻尼力实施有效的控制。无级半主动式悬架优于全主动式悬架的地方是不需要外加动力源,消耗的能量很小,成本较低。

主动式悬架是一种能供给和控制动力源(油压、空气压)的装置。其根据各种传感器检测到的汽车载荷、路面状况、行驶速度、起动、制动、转向等信号的变化,自动调整悬架的刚度、阻尼力以及车身高度等。主动式悬架能显著提高汽车的操纵稳定性和乘坐舒适性。

3.汽车电子控制悬架系统组成部件

1)电子控制悬架系统传感器

传感器的作用是将汽车行驶的速度、起动、加速度、转向、制动和路面状况、汽车振动状况、车身高度等信号传送给悬架ECU。汽车悬架系统所用的传感器主要有车身加速度传感器、车身高度传感器、转向盘转角传感器、车速传感器、节气门位置传感器等。

(1)车身高度传感器。

车身高度传感器的作用是把车身高度(汽车悬架装置的位置)转换为电信号传送给悬架ECU。车身高度传感器的数量与车上装备的电子控制空气悬架系统的类型有关。车身高度传感器的一端与车架连接,另一端装在悬架系统上,如图1-19所示。

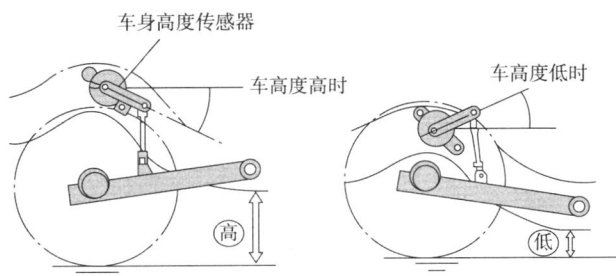

图1-19 车身高度传感器的安装位置

在空气悬架上,车身高度传感器用于采集车身高度信息;在某些行驶平顺性控制系统上,还用来探测悬架运动情况以确定是否需要硬阻尼。

车身高度传感器还可分为模拟式、数字式、线位移式、角位移式。

①模拟式高度传感器。

模拟式高度传感器为悬架 ECU 提供与车身高度相关的、连续的电压信号。每个模拟式高度传感器在悬架 ECU 内都设定有一个基准电压值，该基准电压值是模拟式高度传感器在汽车正常行驶时传送给悬架 ECU 的电压。悬架 ECU 将模拟式高度传感器的实际电压信号与设定的基准值进行比较，并根据比较结果进行调整。模拟式高度传感器（图1-20）有一个三线连接器，三线分别是地线、电源线和信号线。

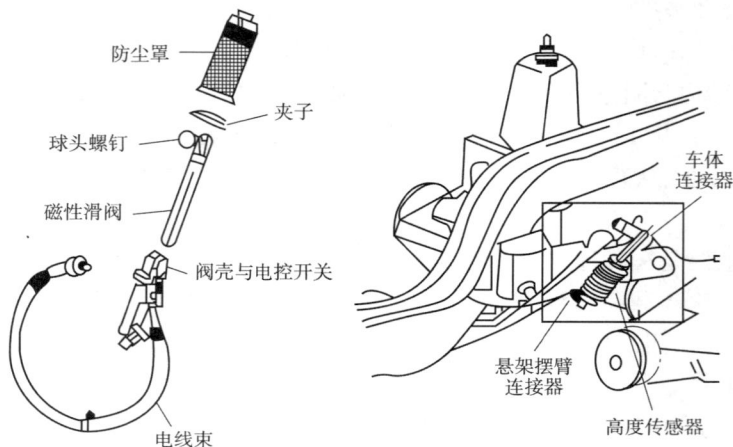

图 1-20　模拟式高度传感器及安装位置

模拟式高度传感器的工作过程如下：

汽车高度正常时，电子控制开关关闭，悬架 ECU 接收到汽车高度为正常的信号。

当汽车高度增加时，磁性滑阀上移，超高开关打开，并向悬架 ECU 输送车身高度增加的信号。悬架 ECU 收到此信号后，控制空气弹簧电磁阀和排气电磁阀打开，使空气弹簧放气，降低车身高度，使其达到标准高度（即平衡高度，汽车正常行驶时车身应该保持的高度）。

当车身高度降低时，磁性滑阀下移，欠高开关打开，并向悬架 ECU 输送车身高度降低的信号（即欠高信号）。悬架 ECU 收到欠高开关的信号后，控制空气压缩机继电器接通，空气压缩机运行，同时悬架 ECU 控制空气弹簧电磁阀打开，使空气压缩机产生的压缩空气充入空气弹簧，从而使车身高度增加，直至达到标准高度。

注意：模拟式高度传感器不能修理，损坏的传感器必须整件更换。

②数字式高度传感器。

目前应用最广泛的是光电式数字车身高度传感器，其工作原理如图1-21所示。在传感器内部有一个传感器轴，轴外端安装的连接杆与悬架臂连接，轴上固定一个开有一定数量窄槽的遮光盘。遮光盘两侧对称安装有 4 组发光二极管和光敏三极管，组成 4 对光电耦合器（信号发生器）。当车身高度变化时，车身与悬架臂做相对运动，连接杆带动传感器轴和遮光盘一起转动。当遮光盘上的槽对准耦合器时,光敏三极管通过该槽接收发光二极管发出的光线,光电耦合器输出导通(ON)信号,反之则输出截止(OFF)信号。只要使遮光盘上的槽适当分布,就可以利用这4对光电耦合器导通和截止的组合,把车身高度的变化分成16个区域进行检测,具体划分见表1-1。这种高度传感器有一个六线连接器,这六线为电源线、地线及4根信号线。

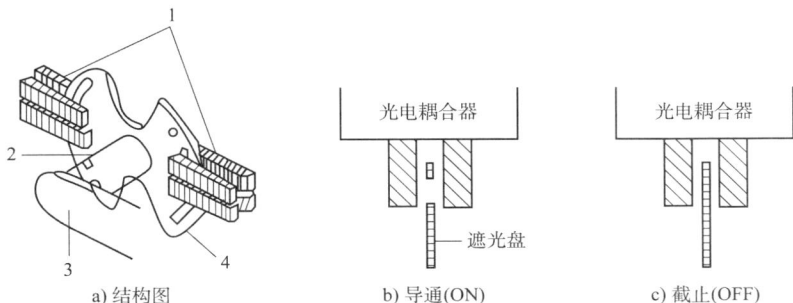

a) 结构图　　b) 导通(ON)　　c) 截止(OFF)

图 1-21　光电式数字车身高度传感器的工作原理
1-光电耦合器;2-传感器轴;3-连接杆;4-遮光盘

车身高度控制区域与传感器信号的关系　　　　表 1-1

光电耦合器				车身高度区间	ECU 判断结果	光电耦合器				车身高度区间	ECU 判断结果
1 号	2 号	3 号	4 号			1 号	2 号	3 号	4 号		
OFF	OFF	ON	OFF	15	超高	ON	ON	ON	OFF	7	标准
OFF	OFF	ON	ON	14		ON	ON	ON	ON	6	
ON	OFF	ON	ON	13	高	OFF	ON	ON	ON	5	低
ON	OFF	ON	OFF	12		OFF	ON	ON	OFF	4	
ON	OFF	OFF	OFF	11		OFF	ON	OFF	OFF	3	
ON	OFF	OFF	ON	10		OFF	ON	OFF	ON	2	
ON	ON	OFF	ON	9	标准	OFF	OFF	OFF	ON	1	过低
ON	ON	OFF	OFF	8		OFF	OFF	OFF	OFF	0	

　　悬架 ECU 根据传感器输入的"ON""OFF"信号得到车身位移信息,根据车身高度变化的幅度和频率,可以判断车身的振动情况,根据一段时间(一般为10ms)车身高度在某一区域的百分比来判断车身高度。

　　(2)转向盘转角传感器。

　　转向盘转角传感器用于检测转向盘的中间位置、转动方向、转动角度和转动速度。在电子控制悬架中,悬架 ECU 根据车速传感器信号和转向盘转角传感器信号,判断汽车转向时侧向力的大小,防止车身侧倾。

　　光电式转向盘转角传感器是电子控制空气悬架中比较常用的转向盘转角传感器,

其结构、工作原理和电路原理如图 1-22 所示。在压入转向轴的遮光盘上有一定数量的窄槽,遮光盘的两端分别有两个发光二极管和两个光敏三极管,组成两对光电耦合器。转动转向盘时,转向轴带动遮光盘旋转,当转到窄槽处时,光敏三极管感应到发光二极管发出的光,就会输出"ON"信号;当遮光盘转到除窄槽以外的其他位置时,光敏三极管接收不到发光二极管的光线,就会输出"OFF"信号。这样随着转向盘的转动,两个光电耦合器的输出端就形成"ON/OFF"的变换。悬架 ECU 根据两个光电耦合器输出"ON/OFF"变换的速度,检测出转向轴的转向速度。此外,由于两个光电耦合器变换的相位错开约 90°,所以通过判断哪个遮光盘首先转变为"ON"状态,就可以检测出转向轴的转动方向。

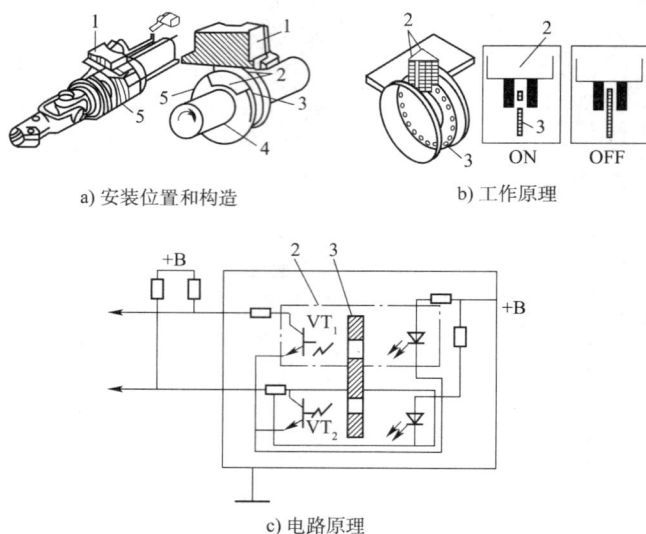

a) 安装位置和构造   b) 工作原理

c) 电路原理

图 1-22　光电式转向盘转角传感器

1-转角传感器;2-光电耦合器;3-遮光盘;4-转向轴;5-传感器圆盘

（3）车速传感器。

悬架 ECU 可从车速传感器、各种其他模块或多路传输网络接收车速信号,用于实现系统的各种控制功能。

变速器、驱动轴或分动箱通过齿轮驱动车速传感器输出的信号是交流波形信号,其频率和电压随车速提高而增加,由信号频率便可获知车速。

车速信号也可以由其他模块直接输入悬架 ECU(直接连接),此信号为直流变化信号。车速信号还可以以数据信号形式由汽车多路传输网络输入悬架 ECU。

车速信号的输入如图 1-23 所示。

（4）加速信号。

一般来说,电子控制悬架系统不用设置专门的加速度传感器,而是利用发动机节气门位置传感器信号来判断汽车是否在急加速。悬架 ECU 采集加速信号的原理如下:

a) 由传感器直接输入　　　　　　　　　　b) 由其他模块直接输入

c) 由多路传输网络输入

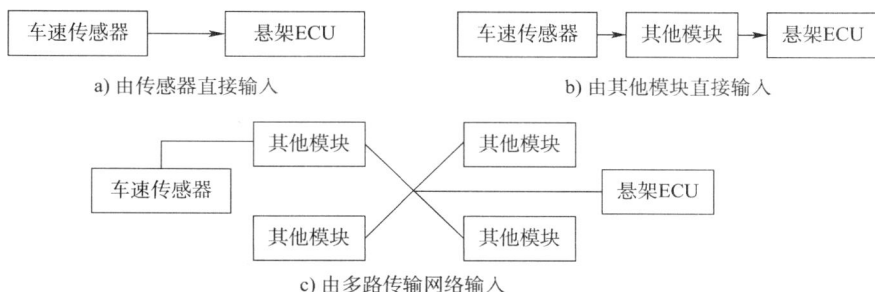

图 1-23　车速信号的输入

悬架系统中的传感器(车速传感器、车身高度传感器等)都是将信号直接输入悬架ECU,但节气门位置传感器信号则是输入发动机电子控制系统,再由发动机电子控制系统将此信号输入悬架 ECU。当汽车起动或突然加速时,动力传动控制模块根据节气门位置传感器信号(探测到节气门开度超过90%)或质量式空气流量传感器信号生成加速信号,然后将加速信号输入悬架 ECU,悬架 ECU 控制执行器使其转换到硬阻尼状态,以便减少汽车"抬头"(或"后坐")。

少数情况下也采用加速度传感器来采集加速信号,如车轮打滑时。加速度传感器一般有差动变压式和钢球位移式两种。

(5)车门信号。

悬架 ECU 利用车门信号实现系统的某些功能,如在车门打开时防止排气或保持当前行驶高度等。当车门关闭时,系统恢复正常工作状态。

(6)制动信号。

当汽车制动时,制动开关给悬架 ECU 一个制动信号,悬架 ECU 收到制动信号后,控制执行器将悬架由软转换到硬的状态,以防止汽车"点头"(或"翘尾")。

(7)悬架控制开关。

悬架控制开关包括悬架刚度和阻尼选择(LRC)开关、高度控制开关和锁止开关(高度控制"ON/OFF"开关)。前两个开关一般都装在驾驶室内选挡操纵手柄旁边(图 1-24),锁止开关一般装在行李舱内(图 1-25)。

a) 悬架刚度和阻尼选择开关　　　　　　　b) 高度控制开关

图 1-24　悬架刚度和阻尼选择开关与高度控制开关

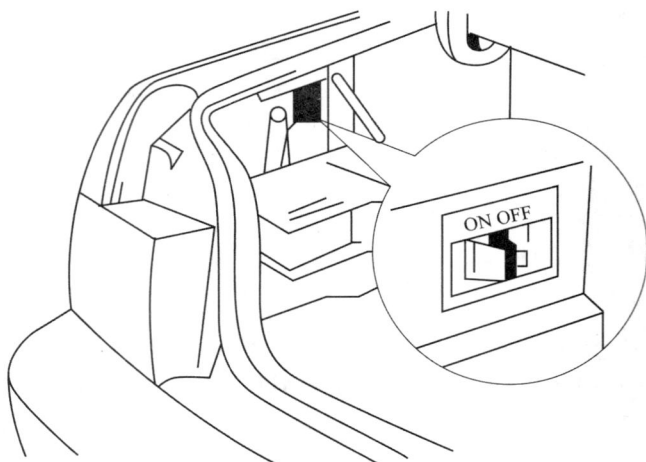

图1-25　锁止开关(高度控制"ON/OFF"开关)的安装位置

①悬架刚度和阻尼选择开关。

LRC开关用于选择悬架的刚度和阻尼系数,它有两个挡位:

a.当LRC开关处于"NORM"(软)位置时,系统进入"常规行驶自动控制"状态。

b.当LRC开关处于"SPORT"(硬)位置时,系统进入"高速行驶自动控制"状态。

每一种模式下按照刚度与阻尼系数的大小依次分为低、中、高三种状态。当"NORM"(软)和"SPORT"(硬)模式通过LRC选定后,就由悬架ECU根据传感器的输入信号在低、中、高三种状态间自动调节刚度和阻尼系数。

②高度控制开关。

高度控制开关也有两种控制模块,即"NORM"和"HIGH",按照车身的高度从小到大的顺序,每一种模式分为低、中、高三种状态。

在"NORM"模式时,车身常处于"低"状态,系统对车身高度进行"常规值自动控制"。

在"HIGH"模式时,车身常处于"高"状态,系统对车身高度进行"高值自动控制"。

③锁止开关(高度控制"ON/OFF"开关)。

锁止开关一般装在行李舱内。当锁止开关位于"ON"时,系统按照驾驶员通过高度控制开关选定的模式进行车身高度控制;当锁止开关位于"OFF"时,系统不进行车身高度的调节。

注意:顶升或举升汽车时,如果锁止开关不在"OFF"位置,可能会损坏电子控制空气悬架系统。因此举升汽车前,必须将锁止开关置于"OFF"位置。

2)电子控制悬架系统电子控制模块

电子控制模块(悬架ECU)是电子控制悬架系统的中枢,它具有多种功能。

(1)传感器信号放大。

用接口电路消除输入信号(如传感器的信号、开关信号)中的干扰信号,然后对信号进行放大和极值变换,比较极值,并将信号转换为适合输入悬架ECU的信号。

（2）输入信号计算。

悬架 ECU 根据预先写入只读存储器 ROM 中的程序对各输入信号进行计算，并将计算结果与内存中的数据进行比较后，向执行器（电机、电磁阀、继电器等）发出控制信号。输入悬架 ECU 的信号除了开关信号外，还有电压值，还应进行 A/D 变换。

（3）驱动执行器。

悬架 ECU 利用输出驱动电路将输出驱动信号放大，然后输送到各执行器，如电机、电磁阀、继电器等，以实现对汽车悬架参数的控制。

（4）故障检测。

悬架 ECU 利用故障检测电路来检测传感器、执行器和线路的故障。当发生故障时将信号输入悬架 ECU，其目的在于即使发生故障，也能使悬架系统安全工作，并且容易确定故障所在位置。

3）电子控制悬架系统执行器

（1）电子控制空气悬架系统执行器的功能。

悬架系统执行器可驱动主、副气室的空气阀阀芯和减振器阻尼孔的回转阀，使其转动，从而实现对悬架刚度和阻尼系数的控制。电控空气悬架系统的控制功能主要包括以下三个方面。

①车速与路面感应控制。

这种控制主要是随着车速和路面的变化，改变悬架的刚度和阻尼系数，使之处于低、中、高 3 种状态。车速和路面感应主要有以下 3 种。

a. 高速感应：当车速很快时，控制模块输出控制信号，使悬架的刚度和阻尼系数相应增大，以提高汽车高速行驶时的操纵稳定性。

b. 前后车轮关联感应：当汽车前轮在遇到路面单个的凸起时，控制模块输出控制信号，相应减小后轮悬架的刚度和阻尼系数，以减弱车身的振动和冲击。

c. 坏路面感应：当汽车进入坏路面行驶时，为了控制车身的大幅振动，控制模块输出控制信号，相应增大悬架的刚度和阻尼系数。

②车身姿态控制。

当汽车起步、制动和转向时，车身姿态急剧改变。这种车身姿态的改变不仅降低了汽车的乘坐舒适性，还可能因车身过度倾斜，汽车稳定性下降，所以应该对其进行控制。这种控制主要包括 3 个方面：转向时车身的倾斜控制、制动时车身的点头控制、起步或者加速时车身的后坐控制。

③车身高度控制。

车身高度控制是在汽车行驶速度和路面变化时，悬架 ECU 向执行器输出控制信号，控制车身高度，以确保汽车行驶的稳定性和通过性。车身高度控制主要有两个方面：高速感应控制、连续差路面行驶控制。

（2）电子控制空气悬架系统执行器的结构和工作原理。

电子控制空气悬架系统执行器的结构如图 1-26 所示。当悬架 ECU 控制步进电机动作时,步进电机带动小齿轮转动,小齿轮驱动扇形齿轮转动。与扇形齿轮同轴的阻尼调节杆带动回转阀旋转,从而使阻尼孔开闭的数量发生变化,达到调节减振器阻尼的目的。同时,阻尼调节杆通过齿轮带动空气阀控制杆转动,使空气阀阀芯转动,随着阀芯转动角度的改变,空气弹簧的刚度也得到调节。

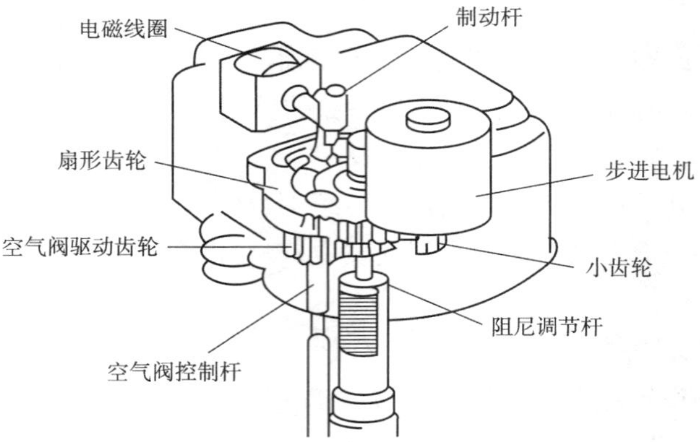

图1-26 电子控制空气悬架系统执行器的结构

电子控制空气悬架系统执行器上还有一个电磁线圈,当电磁线圈不通电时,由它控制的制动开关松开,制动杆处于扇形齿轮的滑槽内,扇形齿轮可以转动;当电磁线圈通电而吸合制动开关时,制动杆往回拉,各齿轮处于锁止状态,阻尼调节杆和空气阀控制杆都不能转动,此时悬架的刚度和阻尼系数都为固定值,电子控制空气悬架系统处于相对稳定的状态。

4. 新能源汽车悬架系统异响故障原因分析

大众 ID.4 新能源汽车前悬架采用的是麦弗逊式独立悬架,如图1-27 所示。后悬架采用的是多连杆式独立悬架,如图1-28 所示。

图1-27 大众 ID.4 新能源汽车前悬架

图1-28 大众 ID.4 新能源汽车后悬架

独立悬架结构组件的非簧载重量较小,弹簧压缩和伸长时车轮不会互相影响。其缺点为结构复杂,成本高。独立悬架采用断开式车桥,两侧车轮分别通过独立悬架与车架或车身相连,每侧车轮可单独运动,互不干扰。轿车和载重量在 1000kg 以下的货车的转向轮广泛采用独立悬架,这样可以满足行驶平顺性、操纵稳定性等方面的要求。

麦弗逊式独立悬架结构如图 1-29 所示,该悬架优点为结构简单,质量轻,体积小,成本低,车头部分布置空间足够大,有利于发动机的布置。其缺点是在转向的时候车身有明显的侧倾,制动的时候有明显的点头现象。

多连杆式独立悬架结构如图 1-30 所示,该悬架的优点为车轮跳动时轮距和前束的变化很小,不管汽车是在驱动还是制动状态均可平稳地转向,具有良好的操纵稳定性,可减少轮胎磨损。其缺点是结构复杂,成本高,汽车高速行驶时有轴摆动现象。多连杆式独立悬架一般应用于空间足够大的高档轿车。

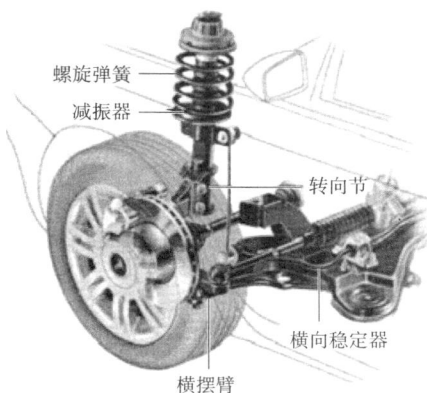

图 1-29 麦弗逊式独立悬架

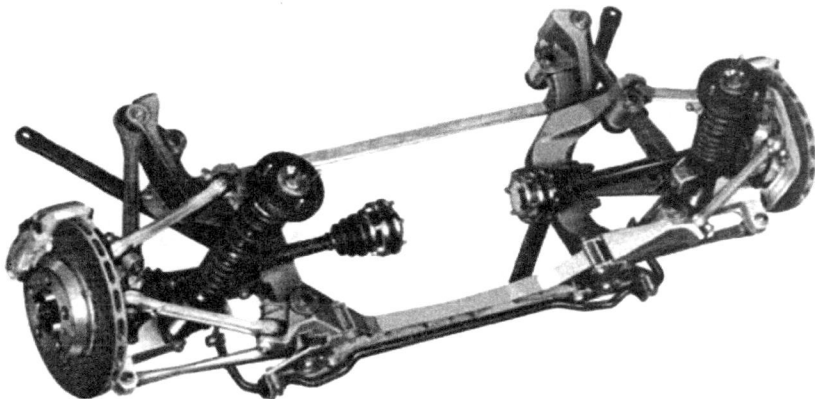

图 1-30 多连杆式独立悬架

大众 ID.4 新能源汽车的悬架系统可能会出现多种常见故障,这些故障可能引发异响。以下是可能的故障点及其原因:

(1)悬架弹簧。作为支撑车身的关键部件,悬架弹簧若发生断裂、变形或松动,将导致悬架系统产生异响。

(2)减振器。减振器的主要功能是减少车身振动和颠簸。减振器内部的阻尼材料老化或受损,将会引发异响。

(3)悬架臂。悬架臂连接车轮和车身,其球头部分出现松动或磨损,将引发异响。

(4)悬架连接件。悬架系统中的螺栓、螺母等连接件,若松动或安装不当,亦可能引发异响。

(5)悬架橡胶支撑件。若悬架支承、悬架垫片等橡胶部件发生老化、破裂或变形,将导致悬架系统产生异响。

(6)悬架系统润滑不足。悬架系统的润滑油起到减少摩擦和降低噪声的作用。润滑油不足或失效,亦可能引发异响。

任务确认 >>>

连接故障诊断仪 VAS 6150,按下一键启动开关,打开故障诊断仪,进入数据总线诊断接口,读取并记录相关故障码与数据流。车辆下电后清除故障码,车辆再次上电后,使用故障诊断仪再次读取故障码并和之前的故障码进行对比,分析故障码的性质。

故障码	故障含义
数据流	数据流相应参数

三 ⚡ 决策

(1)查阅维修手册或维修资料,并在下方框图中画出大众 ID.4 新能源汽车悬架系统的电路图。

(2)根据维修手册,简述大众 ID.4 新能源汽车悬架系统工作原理。

(3)根据电路图分析大众 ID.4 新能源汽车悬架系统异响的故障原因,与组员讨论并完成下面的故障分析图(鱼骨图)。

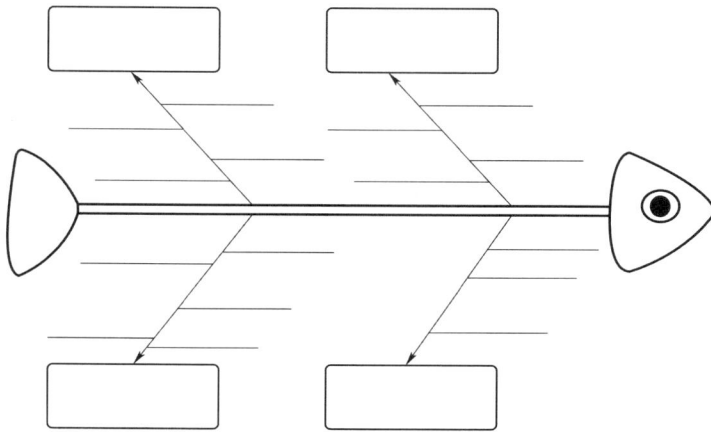

（4）通过查阅维修手册，结合故障分析，编制大众 ID.4 新能源汽车悬架系统故障诊断与排除实施方案。

诊断步骤 >>>

步骤 1：

步骤 2：

步骤 3：

步骤 4：

步骤 5：

步骤 6：

步骤 7：

步骤 8：

步骤 9：

步骤 10：

步骤 11：

步骤 12：

人员安排 >>>

请小组商量后，确定组员的角色及分工。

组员	角色及分工

工具准备 》》》

请根据相应的故障诊断需求,列出所需的工具设备清单。

序号	工具设备名称	作用

注意事项 》》》

请根据操作条件及故障诊断的需求,列出操作时的注意事项。

序号	注意事项
1	
2	
3	
4	
5	

四 实施

大众 ID.4 新能源汽车悬架系统异响故障诊断与排除步骤如下。

1. 试车验证故障现象	
路试车辆,验证异响现象	
2. 安全防护工作	
	(1)检查绝缘垫,布置警戒线,放置警示牌

2. 安全防护工作	
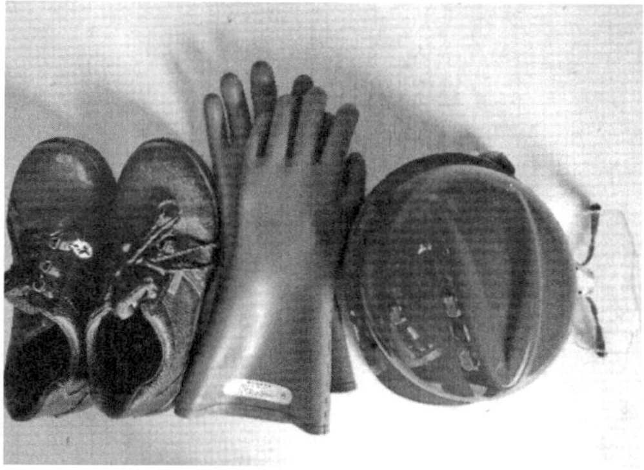	（2）绝缘手套、绝缘鞋、护目镜、安全帽外观及性能检查
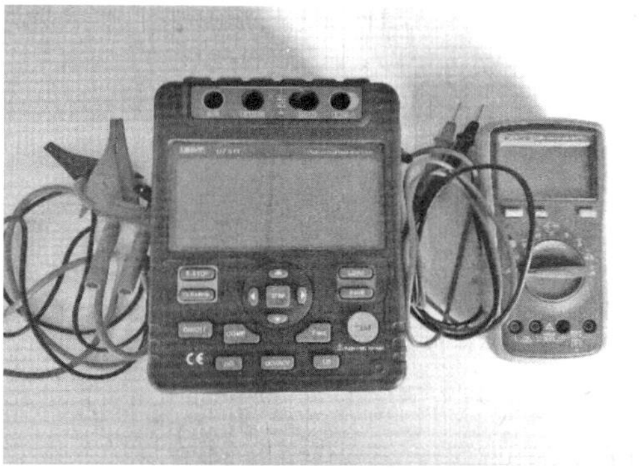	（3）绝缘万用表、绝缘工具箱、世达工具外观及性能检查
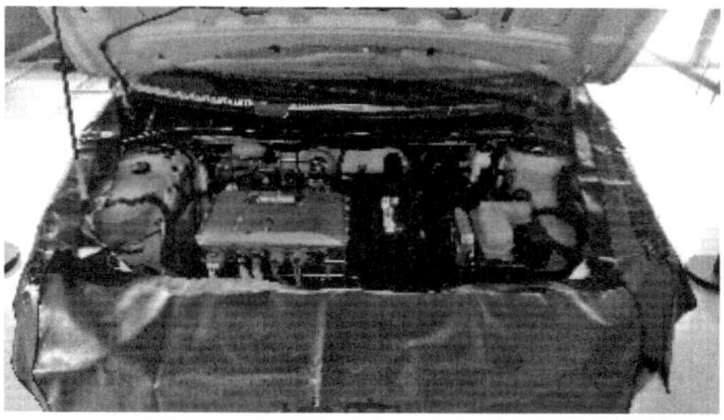 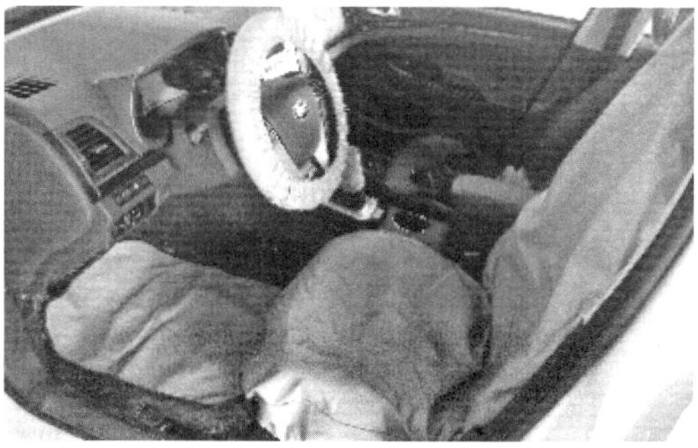	（4）铺设翼子板防护垫、汽车维修三件套、脚垫

3. 悬架系统检查	
	（1）检查车辆的外观是否有异常，包括车身左右高度是否一致，是否出现明显的下沉或倾斜。同时，观察悬架部件是否有明显的损坏、变形或松动
	（2）检查悬架弹簧是否有断裂、变形或松动等情况。 提示：可以通过观察弹簧表面是否有明显的损伤或变形，以及用手轻轻按压车身来检查弹簧的弹性状态
	（3）减振器检查：检查减振器是否有漏油、变形或松动等情况。 提示：可以通过观察减振器外壳是否有油渍，以及用手轻轻按压车身来检查减振器的阻尼效果
	（4）检查悬架臂是否有松动、磨损或变形等情况。 提示：可以通过观察悬架臂连接处是否有明显的松动，以及用手摇动车轮来检查悬架臂的稳定性

续上表

3.悬架系统检查	
	（5）检查悬架系统中的连接件,如螺栓、螺母等是否有松动或未正确安装的情况。 提示:观察连接件是否有明显的松动,若有,则用扳手适当拧紧连接件
	（6）检查悬架系统中的橡胶支撑件,如悬架支承、悬架垫片等是否有老化、破裂或变形等情况。 提示:观察橡胶支撑件表面是否有明显的裂纹或变形
4.故障排除	
	（1）紧固悬架臂连接处螺栓
—	（2）试车发现异响消失,故障排除

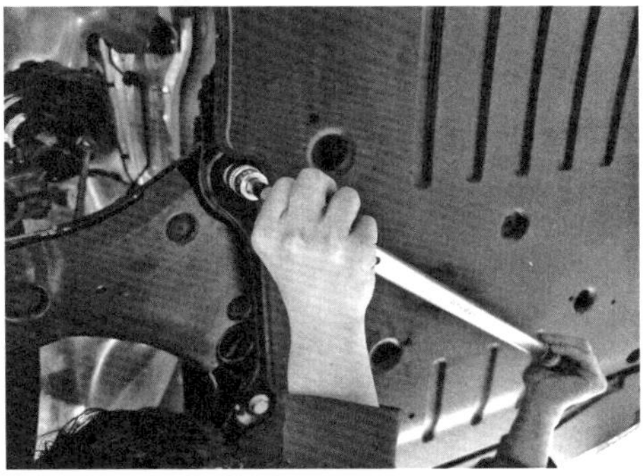

五 检查

用故障诊断仪 VAS 6150 读取故障码,根据诊断仪读出故障类型。

（1）关闭点火开关。

（2）将故障诊断仪连接到汽车故障诊断接口（U31）。

（3）按照诊断仪上的提示读出故障码（DTC）。

（4）清除故障码。

（5）再次读取故障码（是否依然存在故障码，在相应的横线上打√）。

是_____否_____

（6）验证悬架系统是否正常工作。

（7）整理，恢复作业场地。

六 评估

活动总结 >>>

请根据维修过程撰写大众 ID.4 新能源汽车悬架系统异响故障诊断与排除技术总结。

_____技术总结
1.故障现象
2.故障原因
3.故障诊断与排除过程
4.经验和不足

📖 活动评价 》》》

根据下表进行自评、互评、教师评价。

大众 ID.4 新能源汽车悬架系统异响故障诊断与排除		实习日期：	
姓名：	班级：	学号：	教师签名：
自评:□熟练 □不熟练	互评:□熟练 □不熟练	师评:□合格 □不合格	
日期：	日期：	日期：	

【评分细则】

序号	评分项	得分条件	分值(分)	评分要求	自评	互评	师评
1	安全/8S/态度	□1)能进行工位 8S 操作 □2)能进行设备和工具安全检查 □3)能进行车辆安全防护操作 □4)能进行工具清洁、校准、存放操作 □5)能进行"三不落地"操作	15	有 1 项未完成扣 3 分	□熟练 □不熟练	□熟练 □不熟练	□合格 □不合格
2	专业技术能力	□1)能正确读取故障码 □2)能正确读取数据流 □3)能正确检查车辆外观 □4)能正确检查悬架弹簧 □5)能正确检查减振器 □6)能正确检查悬架连接件 □7)能正确检查橡胶支撑件 □8)能正确检查悬架系统润滑	50	有 1 项未完成扣 5 分	□熟练 □不熟练	□熟练 □不熟练	□合格 □不合格
3	工具及设备的使用能力	□能正确使用维修工具	10	未完成扣10 分	□熟练 □不熟练	□熟练 □不熟练	□合格 □不合格
4	资料、信息查询能力	□1)能正确使用维修手册查询资料 □2)能正确记录所需维修信息	10	有 1 项未完成扣 5 分	□熟练 □不熟练	□熟练 □不熟练	□合格 □不合格

序号	评分项	得分条件	分值（分）	评分要求	自评	互评	师评
5	数据判断和分析能力	□1）能判断悬架系统部件是否损坏 □2）能判断悬架异响位置	10	有1项未完成扣5分	□熟练 □不熟练	□熟练 □不熟练	□合格 □不合格
6	表单填写能力	□1）字迹清晰 □2）语句通顺 □3）无错别字 □4）无涂改 □5）无抄袭	5	有1项未完成扣1分	□熟练 □不熟练	□熟练 □不熟练	□合格 □不合格
总分：							

学习活动4　转向系统异响故障诊断与排除

一　资讯

情境描述 >>>

一辆大众ID.4新能源汽车的车主抱怨车辆原地或行驶时打转向，转向盘下方发出"嘎嘎"响声。

学生根据故障，通过查阅维修手册，结合故障分析，制定新能源汽车转向系统异响故障诊断与排除实施方案，包括：诊断步骤、人员安排、工具准备、注意事项等。学生可选择以独立或小组合作的方式，依据故障诊断与排除实施方案和作业流程，参照维修手册，准备工具、仪器设备、耗材物料，使用诊断设备和工具，对该车辆转向系统实施数据检测、故障部位查找、故障点修复等作业；自检合格后，填写任务工单并进行质量检验。同时，学生应在教师指导下总结任务实施过程，撰写技术总结。在工作过程中，学生应牢固树立成本意识，严格遵守现场工作管理规范。

任务要求 >>>

请你根据情境描述，在规定的时间内，分别完成大众ID.4新能源汽车转向系统异响故障诊断与排除方案的编制和实施：

（1）请查阅该车型的维修手册,查看汽车转向系统电路图,列出可能存在的故障原因,并说明理由;

（2）根据初步检查后确认的故障现象,查阅维修手册等资料,制定一份尽可能详细的汽车转向系统异响故障诊断与排除方案,并全面而细致地说明采取此方案的理由;

（3）请列出在汽车转向系统异响故障诊断与排除过程中需要注意的事项。

任务分组 >>>

全班学生分成若干个学习小组,每小组 4~6 人。

班组长:任务布置,组员分工。

服务顾问:接待问诊,基本检查,故障现象确认。

配件管理员:耗材准备。

工具管理员:工具设备准备,维修资料查阅。

维修技师:维修操作。

车间主管:维修质量检验。

二 计划

电动助力转向
系统组成

电动助力转向
系统原理

知识链接 >>>

1.电动助力转向系统概述

1）转向系统的定义

转向系统是指由汽车驾驶员操纵,能实现转向轮偏转和复位的一套机构,它能按照驾驶员的意图改变汽车的行驶方向和保持汽车稳定地直线行驶。

2）转向系统的类型

转向系统按有无助力可分为机械转向系统和动力转向系统两大类。

（1）机械转向系统就是传统的没有助力的转向系统。

（2）动力转向系统是利用发动机动能或蓄电池电能,通过助力泵或电机,将其转换为液体压力或电机输出的机械能,从而增加驾驶员操控转向轮的力。动力转向系统按传力介质的不同,可分为液压动力转向系统、气压动力转向系统和电动助力转向系统三大类。以下介绍电动助力转向系统。

3）电动助力转向系统的特点与类型

（1）电动助力转向系统的特点。

①电动助力转向（Electric Power Steering,EPS）系统能够在不同车速下为车辆提供转向助力,其助力特性的设计依据车速高低而不同,可以兼顾车辆低速行驶时的转向轻便性及车辆高速行驶时的转向稳定性,提高车辆的操纵稳定性。

②具有较好的燃油经济性。普通车辆的液压助力转向系统由发动机直接传动,即使车辆不转向,其液压泵也一直在工作,而 EPS 系统只在车辆转向时助力电机才提供转向助力,从而减少燃料消耗。

③助力与发动机的工作状况无关,其动力电机由动力蓄电池供电,即使发动机停机也能提供转向助力。

④EPS 系统取消了液压泵、传动带、传动带轮、液压软管、液压油及密封件等,其零件数比液压转向系统少,易于实现模块化设计和安装。

⑤没有液压装置和油管,无渗油、老化问题,使保修成本降低,污染减少。

⑥更易配置和检测,可以通过设置不同的程序快速与不同车型匹配,缩短开发和生产周期。

(2)电动助力转向系统的类型。

电动助力转向系统依据助力电机安装位置的不同,可以分为转向轴助力式、齿轮助力式、齿条助力式三种(图 1-31)。转向轴助力式 EPS 系统的电机固定在转向轴一侧,通过减速机构与转向轴相连,直接驱动转向轴动力转向。齿轮助力式 EPS 系统的电机和减速机构与小齿轮相连,直接驱动齿轮动力转向。齿条助力式 EPS 系统的电机和减速机构则直接驱动齿条提供动力。

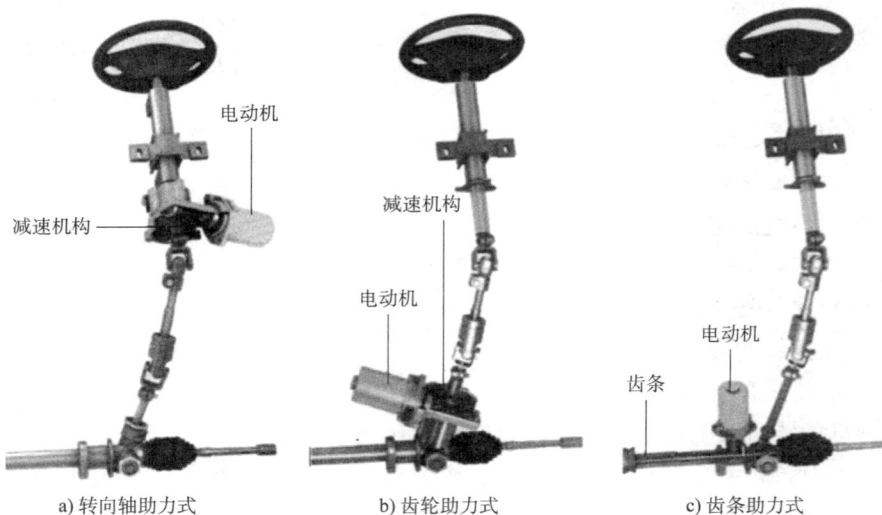

a) 转向轴助力式　　　　b) 齿轮助力式　　　　c) 齿条助力式

图 1-31　电动助力转向系统类型

4)新能源汽车电动助力转向系统

新能源汽车电动助力转向系统与传统汽车的电动助力转向系统基本相同。由于纯电动汽车取消了发动机和混合动力车辆纯电动工况下发动机不工作,不能通过发动机驱动液压助力油泵的方式来实现液压助力。因此,大多数新能源汽车采用电动助力转向系统,即在原机械转向系统基础上安装一个电机,作为转向的辅助力。以下将以大众 ID.4 汽车的电动助力转向系统为例,做详细介绍。

2. 大众 ID.4 电动助力转向系统

1）大众 ID.4 电动助力转向系统概述

大众 ID.4 作为一款纯电动 SUV,其电动助力转向系统是其底盘控制系统的重要组成部分。电动助力转向系统通过电动机直接提供转向助力,取代了传统液压助力转向系统,具有更高的能效和更灵活的调节能力。该系统不仅提升了驾驶的舒适性和操控性,还通过智能化控制进一步优化了车辆的动态响应和安全性。

2）大众 ID.4 电动助力转向系统特点

高效节能:电动助力转向系统仅在需要时提供助力,避免了传统液压助力系统在发动机运转时的持续能量消耗,显著降低了能耗,符合纯电动汽车的节能理念。

灵活调节:系统可以根据车速、转向角度和驾驶模式动态调整助力大小,低速时提供轻便的转向助力,高速时则增加转向的稳定性。

智能化控制:与车辆的其他汽车电子控制系统集成,实现更精确的转向控制和车辆动态管理,提升驾驶安全性和操控性。

紧凑设计:电动助力转向系统结构紧凑,减少了机械部件的复杂性,降低了维护成本,同时为车内空间布局提供了更大的灵活性。

环保性:由于无需液压油,避免了液压系统可能存在的泄漏问题,减少了对环境的污染。

3）大众 ID.4 电动助力转向系统组成

大众 ID.4 的电动助力转向系统主要由以下几个核心部件组成。

转向电机:提供转向助力的核心部件,通常采用永磁同步电机,具有高效、响应快的特点。电机通过减速机构直接驱动转向齿条或转向柱。

转向控制单元(ECU):负责接收来自传感器的信号,计算所需的助力大小,并控制电机的输出。ECU 还与其他车辆控制系统进行通信,实现协同控制。

转矩传感器:安装在转向柱上,用于检测驾驶员的转向力矩,ECU 根据该信号决定助力的大小。

转向角传感器:用于检测转向盘的转动角度和速度,帮助 ECU 判断车辆的转向状态。

减速机构:将电机的输出转矩放大,传递给转向齿条或转向柱,实现转向助力的传递。

机械转向机构:包括转向柱、转向齿条、转向拉杆等,将电机的助力传递到车轮,实现车辆的转向。

4）大众 ID.4 电动助力转向系统工作原理

大众 ID.4 的电动助力转向系统的工作原理可以概括为以下几个步骤:

(1)驾驶员输入检测:当驾驶员转动转向盘时,转矩传感器检测到转向力矩的变化,并将信号传递给转向控制单元(ECU)。

(2)助力计算:ECU 根据扭矩传感器的信号、车速、转向角度等信息,计算出所需的转向助力大小。低速时,ECU 会提供较大的助力,使转向更轻便;高速时,助力会减小,增加转向的稳定性。

(3)电机控制:ECU 根据计算结果,控制转向电机的输出转矩。电机通过减速机构将转矩放大,传递给转向齿条或转向柱,实现转向助力。

(4)动态调节:在车辆行驶过程中,ECU 会实时监测车辆的动态(如侧滑、转向过度等),并与 ESP、ABS 等系统协同工作,动态调整转向助力,确保车辆的稳定性和安全性。

(5)反馈与修正:系统会根据转向角传感器和转矩传感器的反馈信号,不断修正电机的输出,确保转向助力的精确性和驾驶的舒适性。

大众 ID.4 电动助力转向系统通过先进的电子控制技术,实现了高效、灵活、智能的转向助力。它不仅提升了驾驶的舒适性和操控性,还通过与其他车辆控制系统的协同工作,进一步增强了车辆的安全性和动态性能。作为纯电动汽车的重要组成部分,电动助力转向系统在节能环保方面也表现出色,符合未来汽车技术的发展趋势。

3.新能源汽车转向系统异响故障现象及原因

转向系统异响主要包括机械间隙噪声、金属摩擦噪声、电机噪声、金属橡胶摩擦噪声等。

(1)故障现象:汽车原地转向或行驶中转向均有异响,停止转向异响消失。

(2)故障原因。

①转向系统万向节磨损严重。

②动力转向拉杆总成磨损。

③转向柱总成存在故障。

④动力转向机存在故障。

4.动力转向系统故障诊断与排除的工作流程

动力转向系统故障诊断与排除工作流程如图 1-32 所示。

转向系统异响检查步骤主要如下:

(1)对转向盘、转向管柱、万向节进行检查,确认是否存在异响。

(2)检查转向管柱是否有干涉。

(3)检查拉杆球头噪声,检查球头是否松旷,横拉杆和球头是否过度磨损、啮合间隙过大。检查拉杆是否变形,有干涉或松旷时可更换横拉杆或球头。

(4)检查转向机壳体局部是否损坏或支架断裂。

(5)检查在汽车行驶时车辆轴承是否存在"叮叮"金属噪声。

(6)检查在颠簸路面和低速行驶时副车架是否会产生噪声;重点检查转向机固定螺栓、副车架与车身固定螺栓、前插臂固定螺栓、稳定杆固定螺栓、发动机连接固定螺栓、副车架与排气管固定螺栓等。

(7)检查转向机是否在汽车原地或低速转弯时发出"咔咔"噪声。

```
      （开始）车辆送入修理车间
              ↓
          客户故障分析
              ↓
      检查DTC和定格数据并记录
              ↓
        清除DTC和定格数据
              ↓
         ◇ 有无故障症状? ◇
       有 ↓      无 →  进行故障症状模拟
              ↓                ↓
          重新检查DTC  ←────────┘
              ↓
      有故障码输出    有正常系统代码输出
              ↓                ↓
              ↓          查阅故障症状表
              ↓                ↓
        查阅DTC故障码表 ←───────┘
              ↓
       进行系统电路检查与检测
              ↓
       进行故障部位识别与确认
              ↓
       故障部位维修或零部件更换
              ↓
        故障排除后的性能测试
              ↓
         结束（向客户交车）
```

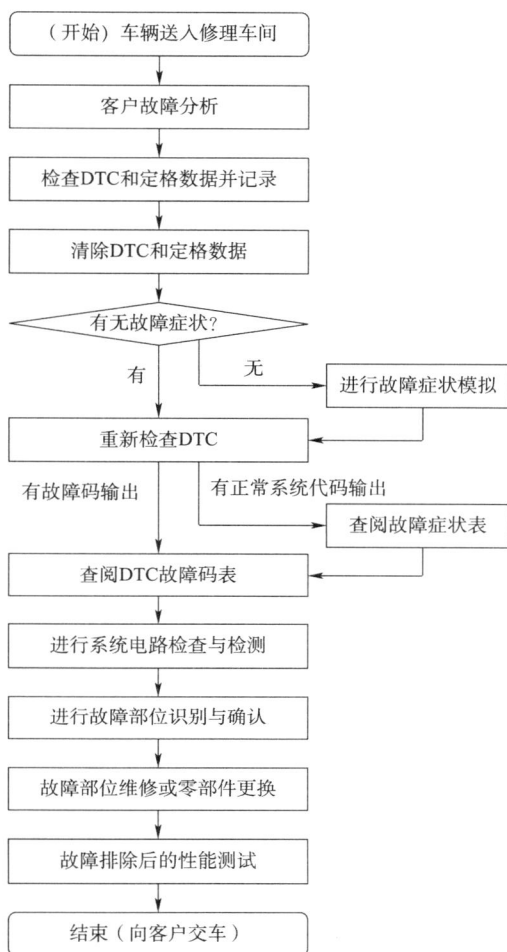

图 1-32　动力转向系统故障检修流程图

📚 任务确认 》》》

　　连接故障诊断仪 VAS 6150,按下一键启动开关,打开故障诊断仪,进入数据总线诊断接口,读取并记录相关故障码与数据流。车辆下电后清除故障码,车辆再次上电后,使用故障诊断仪再次读取故障码并和之前的故障码进行对比,分析故障码的性质。

故障码	故障含义

数据流	数据流相应参数

三 决策

（1）查阅维修手册或维修资料，并在下方框图中画出大众 ID.4 新能源汽车转向系统的电路图。

（2）根据维修手册，简述大众 ID.4 新能源汽车转向系统工作原理。

（3）根据电路图分析大众 ID.4 新能源汽车转向系统异响的故障原因，与组员讨论并完成下面的故障分析图（鱼骨图）。

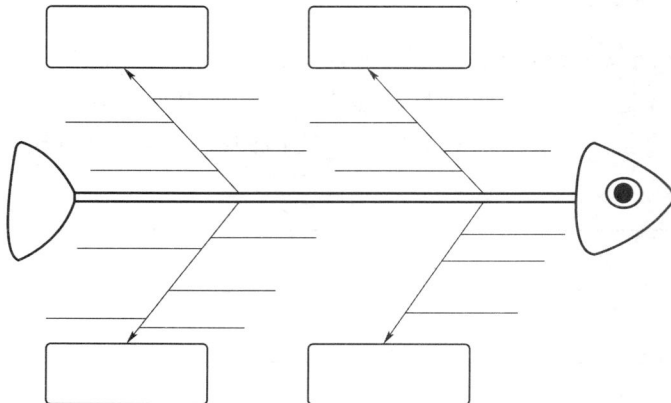

（4）通过查阅维修手册,结合故障分析,编制大众 ID.4 新能源汽车转向系统故障诊断与排除实施方案。

诊断步骤 》》》

步骤 1：

步骤 2：

步骤 3：

步骤 4：

步骤 5：

步骤 6：

步骤 7：

步骤 8：

步骤 9：

步骤 10：

步骤 11：

步骤 12：

人员安排 》》》

请小组商量后,确定组员的角色及分工。

组员	角色及分工

工具准备 》》》

请根据相应的故障诊断需求,列出所需的工具设备清单。

序号	工具设备名称	作用

注意事项 》》》

请根据操作条件及故障诊断的需求,列出操作时的注意事项。

序号	注意事项
1	
2	
3	
4	
5	

四 实施

大众 ID.4 新能源汽车转向系统异响故障检查步骤如下。

1.试车验证故障现象
路试车辆,验证异响现象。 初步判断异响源可能有以下几处: ①气囊模块。 ②转向盘与转向柱开关摩擦。 ③转向柱开关本身。 ④转向柱管柱内部。 ⑤转向机

2.安全防护工作	
	(1)检查绝缘垫,布置警戒线,放置警示牌

2. 安全防护工作	
	（2）绝缘手套、绝缘鞋、护目镜、安全帽外观及性能检查
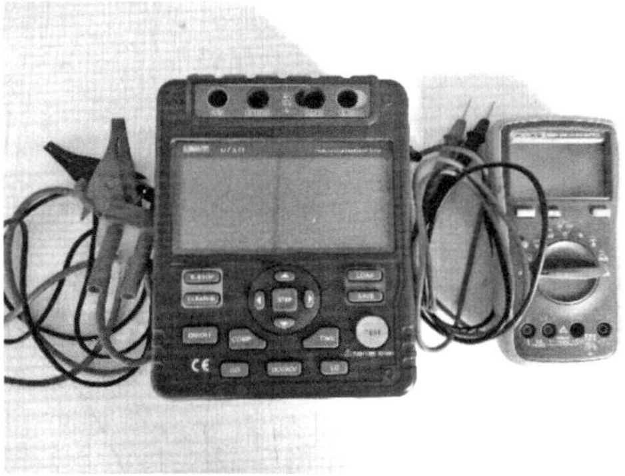	（3）绝缘万用表、绝缘工具箱、世达工具外观及性能检查
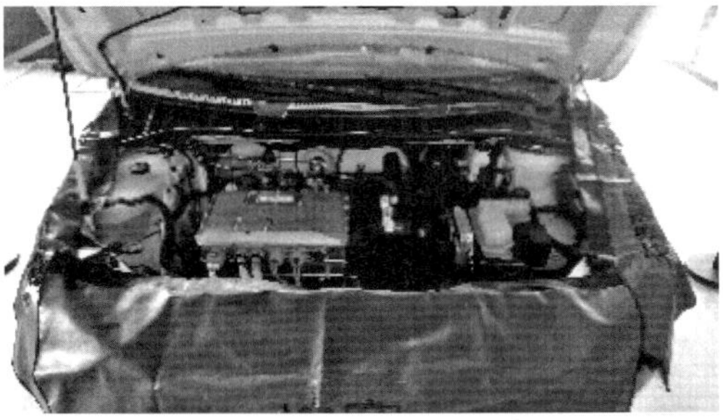 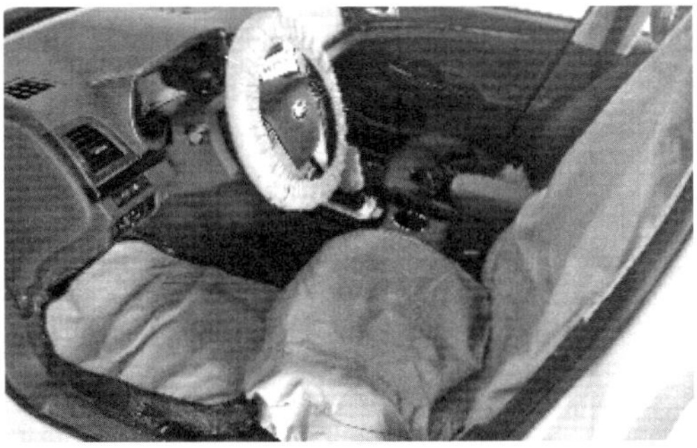	（4）铺设翼子板防护垫、汽车维修三件套、脚垫

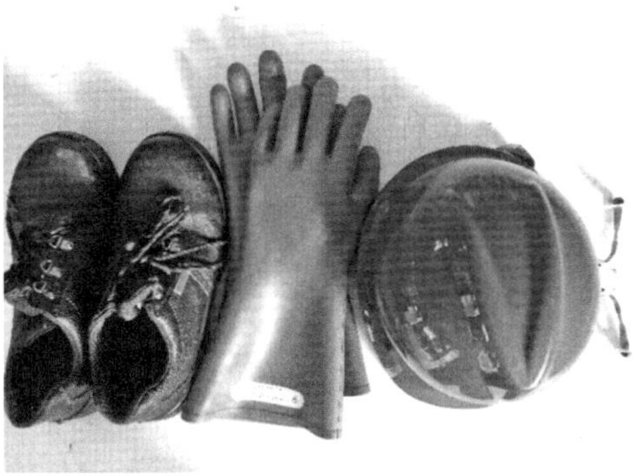

3.转向系统检查	
	（1）拆下气囊模块，打转向时异响若没有消失，说明异响与气囊模块无关
	（2）拆下转向盘，打转向时异响若没有消失，说明异响与转向盘无关
	（3）拆下转向柱开关，打转向时异响若没有消失，说明异响与转向柱开关无关
	（4）将转向柱与转向机从万向节处断开，打转向时异响若依然存在，说明异响与转向机无关。 分析：将可能的几个异响源排除后，异响只可能与转向柱管柱有关

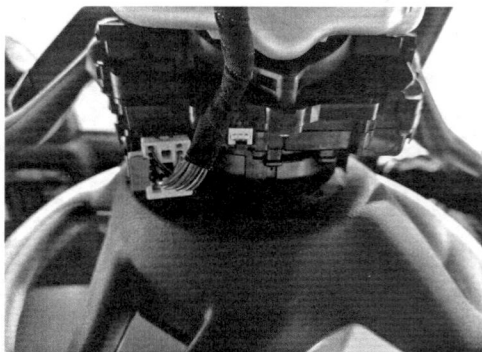

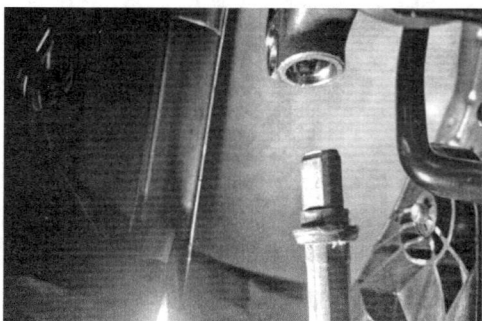

4.故障排除	
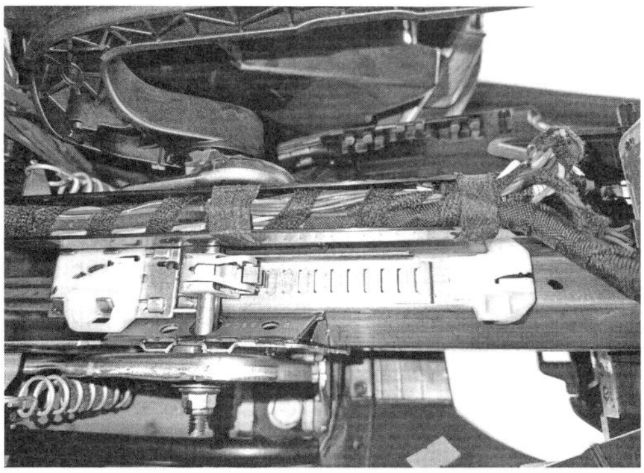	(1)更换转向柱管柱
—	(2)试车发现异响消失,故障排除

五 检查

用故障诊断仪 VAS 6150 读取故障码,根据诊断仪读出故障类型。

(1)关闭点火开关。

(2)将故障诊断仪连接到汽车故障诊断接口(U31)。

(3)按照故障诊断仪上的提示读出故障码(DTC)。

(4)清除故障码。

(5)再次读取故障码(是否依然存在故障码,在相应的横线上打√)。

是_____ 否_____

(6)验证转向系统是否正常工作。

(7)整理,恢复作业场地。

六 评估

📋 活动总结 »»»

请根据维修过程撰写大众 ID.4 新能源汽车转向系统异响故障维修与排除技术总结。

_____技术总结
1.故障现象
2.故障原因
3.故障诊断与排除过程
4.经验和不足

📖 活动评价 »»»

根据下表进行自评、互评、教师评价。

大众 ID.4 新能源汽车转向系统异响故障诊断与排除		实习日期:	
姓名:	班级:	学号:	教师签名:
自评:□熟练 □不熟练	互评:□熟练 □不熟练	师评:□合格 □不合格	
日期:	日期:	日期:	

续上表

序号	评分项	得分条件	分值（分）	评分要求	自评	互评	师评
		【评分细则】					
1	安全/8S/态度	□1）能进行工位8S操作 □2）能进行设备和工具安全检查 □3）能进行车辆安全防护操作 □4）能进行工具清洁、校准、存放操作 □5）能进行"三不落地"操作	15	有1项未完成扣3分	□熟练 □不熟练	□熟练 □不熟练	□合格 □不合格
2	专业技术能力	□1）能正确读取故障码 □2）能正确读取数据流 □3）能正确检查气囊模块 □4）能正确检查转向盘与转向柱开关摩擦 □5）能正确检查转向柱开关 □6）能正确检查转向柱管柱内部 □7）能正确检查转向机	50	有1项未完成扣5分	□熟练 □不熟练	□熟练 □不熟练	□合格 □不合格
3	工具及设备的使用能力	□能正确使用维修工具	10	未完成扣10分	□熟练 □不熟练	□熟练 □不熟练	□合格 □不合格
4	资料、信息查询能力	□1）能正确使用维修手册查询资料 □2）能正确记录所需维修信息	10	有1项未完成扣3分	□熟练 □不熟练	□熟练 □不熟练	□合格 □不合格
5	数据判断和分析能力	□1）能判断转向系统部件是否损坏 □2）能判断转向异响位置	10	有1项未完成扣3分	□熟练 □不熟练	□熟练 □不熟练	□合格 □不合格
6	表单填写能力	□1）字迹清晰 □2）语句通顺 □3）无错别字 □4）无涂改 □5）无抄袭	5	有1项未完成扣1分	□熟练 □不熟练	□熟练 □不熟练	□合格 □不合格
总分：							

学习活动5　制动系统异响故障诊断与排除

一　资讯

情境描述 >>>

　　一辆大众ID.4新能源汽车的车主抱怨在行车制动时出现制动发抖,车辆前方底部发出异响。

　　学生根据故障现象,通过查阅维修手册,结合故障分析,制定新能源汽车制动系统异响故障诊断与排除实施方案,包括:诊断步骤、人员安排、工具准备、注意事项等,学生可选择以独立或小组合作的方式,依据故障诊断与排除实施方案和作业流程,参照维修手册,准备工具、仪器设备、耗材物料,使用诊断设备和工具,对该车辆制动系统实施数据检测、故障部位查找、故障点修复等作业;自检合格后,填写任务工单并进行质量检验。同时,学生应在教师指导下总结任务实施过程,撰写技术总结。在工作过程中,学生应牢固树立成本意识,严格遵守现场工作管理规范。

任务要求 >>>

　　请你根据情境描述,在规定的时间内,分别完成新能源汽车制动系统异响故障诊断与排除方案的编制和实施:

　　(1)请查阅该车型的维修手册,查看汽车制动系统电路图,列出可能存在的故障原因,并说明理由;

　　(2)根据初步检查后确认的故障现象,查阅维修手册等资料,制定一份尽可能详细的汽车制动系统异响故障诊断与排除方案,并全面而细致地说明采取此方案的理由;

　　(3)请列出在汽车制动系统异响故障诊断与排除过程中需要注意的事项。

任务分组 >>>

　　全班学生分成若干个学习小组,每小组4~6人。

　　班组长:任务布置,组员分工。

　　服务顾问:接待问诊,基本检查,故障现象确认。

　　配件管理员:耗材准备。

　　工具管理员:工具设备准备,维修资料查阅。

维修技师:维修操作。

车间主管:维修质量检验。

二 计划

知识链接 >>>

1.电动汽车制动系统

1)再生制动能量

(1)再生制动能量的功能。

再生制动是电动汽车所独有的,即在减速制动(或者下坡)时将车辆的部分动能转化为电能,转化的电能储存在储存装置中,如各种蓄电池、超级电容和超高速飞轮,最终增加电动汽车的行驶里程。如果储能器已经被完全储存满,再生制动就无法实现,所需的制动力就只能由常规的液压制动系统来提供。目前几乎所有的电动汽车都安装了再生制动系统,从而节约和回收部分制动动能,并为驾驶员提供常规的制动性能。

(2)再生制动分析。

一般而言,当电动汽车减速、驾驶员在公路上放松加速踏板或踩下制动踏板停车时,再生制动系统起动。正常减速时,再生制动的力矩通常保持在最大负荷状态。电动汽车高速行驶时,其驱动电机一般是在恒功率状态下运行,驱动力矩与驱动电机的转速或者车辆速度成反比。因此,恒功率下驱动电机的转速越高,再生制动的能力就越低。另外,当驾驶员踩下制动踏板时,驱动电机通常运行在低速状态。由于在低速时电动汽车的动能不足以为驱动电机提供能量以产生最大的制动力矩,因而再生制动能力会随着车速降低而降低。

(3)混合制动比例分析。

如图1-33所示,电动汽车的再生制动力矩通常不像传统燃油车中的制动系统一样能提供足够的制动减速度,所以在电动汽车中,再生制动和液压制动系统通常共同存在,称为混合制动。为了尽可能多地回收能量,设计上只有当再生制动已经达到了最大制动能力但仍不能满足制动要求时,液压制动才起作用。

再生制动与液压制动之间的协调是问题的关键所在,而且应该考虑以下特殊要求:

①为了使驾驶员在制动时获得平顺感,可以根据再生制动力矩的变化对液压制动力矩进行控制,最终使驾驶员获得所期望的总力矩。同时,液压制动的控制不会引起制动踏板的冲击,因而不会给驾驶员带来异样的制动感觉。

②利用ABS扩展的ESP功能提高电动泵的油压。这要求ABS的ESP模块与整车控制系统进行通信,可以把再生制动软件写在ABS模块驱动油泵、控制摩擦制动和控

制制动助力的真空源。ABS与整车控制器通信控制再生制动的强度即可。液压制动力矩是电子控制的,其将产生的液压传到制动轮缸上。因而再生-液压制动系统需要具有防止制动失效的机构。为了提高系统的可靠性、满足安全标准,系统一般采用双管路制动,即当其中一条管路失效时,另一条管路必须能提供足够的制动力。

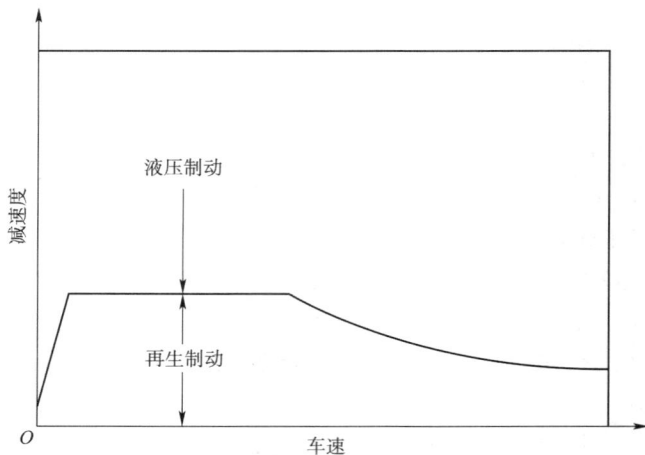

图1-33　混合制动比例与减速度和车速的关系

2)减速度法能量回收

汽车减速度大说明驾驶员施加的制动力大,制动时以制动减速度为目标,所以也根据汽车减速度进行能量回收控制。

某后轴驱动客车利用减速度限值的再生制动方法如下:

(1)减速度小于$0.15g$时。

这时不会出现抱死的情况,后轴进行再生制动能量回收,仅后轴有制动,为纯再生制动工况。

(2)减速度介于$0.15g \sim 0.4g$时。

后轴进行制动能量回收,同时利用ABS的回油泵加大前轴的液压制动力,能实现制动比例的合理分配。

(3)减速度介于$0.4g \sim 0.7g$时。

利用ABS的回油泵进一步加大前轴的液压制动力,同时减少对后轴的制动能量回收。

(4)减速度大于$0.7g$时。

这种情况很少出现,后轴的制动能量回收电流过大,蓄电池不能吸收,同时电动机会剧烈振动,所以取消再生制动,完全采用摩擦制动。

在整个再生制动过程中,车辆的动能不可能完全转换为储能器的充电电能。再生制动所损失的能量包括空气阻力损失、滚动阻力损失、制动系统损失、电动机损失、转换损失及充电损失等。尽管如此,现代电动汽车采用再生制动后仍能节省将近20%的能量。

3）线控制动系统

（1）再生-液压混合制动系统结构。

为了使车辆能够稳定制动,前、后车轮上的制动力必须均匀分配。此外,为了防止汽车发生滑移,加在前、后轮上的最大制动力应该低于允许的最大值（主要由滚动阻力系数决定）。

为了满足上述要求,再生-液压混合制动系统的结构设计如图1-34所示。驾驶员踩下制动踏板后,电动泵使制动液增压产生所需的制动力。制动控制与电动机控制协同工作,确定电动汽车上的再生制动力矩和前后轮上的液压制动力。再生制动时,再生制动控制回收再生制动能量,并且反充到动力蓄电池中。电动汽车上的ABS及其制动比例控制阀（可由ABS的扩展功能EBD电子制动力分配系统代替）的作用与传统燃油车上的相同,即产生最大的制动力。电动泵可以利用现有汽车ABS扩展功能中的ESP电子稳定程序的电动供能泵提供压力。

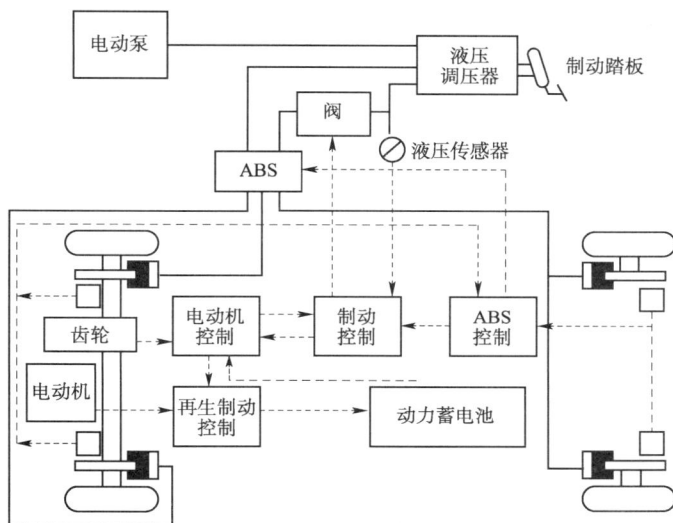

图1-34 再生-液压混合制动系统的基本结构

（2）再生-液压混合制动系统制动控制。

如前所述,电动汽车上的总制动力矩是再生制动力矩与液压制动力矩之和。它们之间的分配比例关系如图1-35所示,以在保持最大再生制动力矩的同时为驾驶员提供与燃油车相同的制动感。当制动踏板力较小时,只有再生制动力矩施加在驱动轮上,并且与制动踏板力成正比;而非驱动轮上的制动力由液压制动提供,液压制动力也与制动踏板力成正比。当制动踏板力超过一定值时,最大再生制动力矩全部施加在驱动轮上,同时液压制动力矩也作用在驱动轮上,以获得所需的制动力矩。因而最大再生制动力矩保持不变,以便能完全回收车辆的动能。

制动系统由制动造成的管路压力越高（或制动踏板踩得越深）,说明经驾驶员判断需要的总制动力矩越大,非驱动轮的制动力矩一直在增加,驱动轮的制动力矩和也在增加,但摩擦力矩增加得多,而再生制动扭矩不增加,甚至减小。这就要求再生制动和ABS要协同工作。

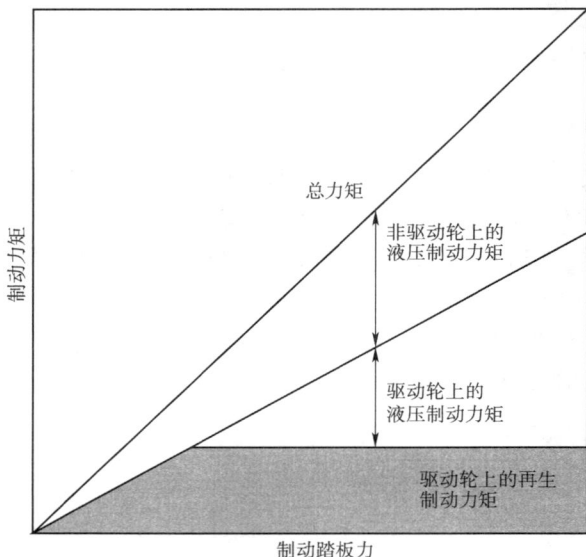

图1-35　再生制动力矩与液压制动力矩的分配

对于两前轮独立、后轮低选的制动系统,制动压力传感器(液压传感器)监测制动系统管路的制动压力(液压或气压),设有ABS的汽车则采用车速和压力传感器(也可是制动踏板行程开关)采集制动状态信号,根据车速算出的减速度值与设定的减速度值进行比较、控制。

2. 大众 ID.4 新能源汽车制动系统

汽车的制动系统是车辆安全体系的核心组件,对于确保行车安全具有不可或缺的作用。在电动车领域,制动系统的设计和性能更是直接关系到驾驶员的安全以及车辆的整体性能。以大众 ID.4 车型为例,其制动系统展现出先进的技术和出色的性能,为驾驶员提供了更加安全、稳定的驾驶体验。

大众 ID.4 车型的前轮装备有 18 寸盘式制动器,而后轮则配备了全新设计的 11 寸鼓式制动器。这款鼓式制动器采用半密封形式,其耐腐蚀性能相较于盘式制动器更胜一筹。此外,它还集成了电子驻车制动器(Electrical Park Brake,EPB)的驻车电机,为车辆提供了更为便捷和高效的制动方式。值得注意的是,大众 ID.4 车型的左右两侧电子驻车制动器分别由 ESC 和 eBKV 两套系统独立控制。这种冗余设计思路旨在确保系统的高度可靠性,从而为驾驶员提供稳定且安全的驻车体验。

1)大众 ID.4 新能源汽车前轮盘式制动器

盘式制动器由摩擦片从两侧夹紧与车轮共同旋转的制动盘后产生制动。目前,盘式制动器广泛应用于轿车和小客车的前轮(有的轿车前、后轮均采用),另外,有些载货汽车也采用了盘式制动器。

（1）盘式制动器的结构。

盘式制动器一般由制动钳、制动盘、活塞、制动钳安装支架等组成，如图 1-36 所示。

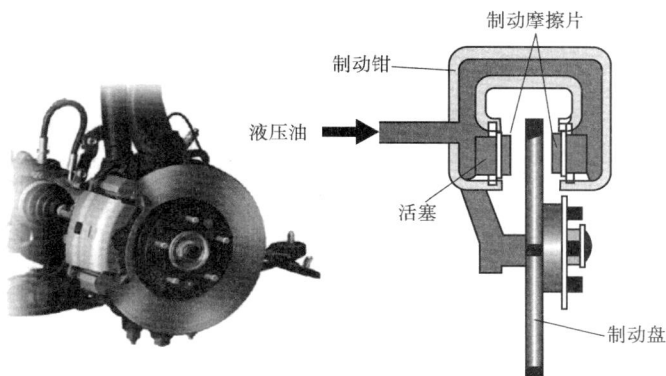

图 1-36　盘式制动器的结构

（2）盘式制动器的类型。

根据固定元件的结构形式不同，盘式制动器大致可分为钳盘式和全盘式两种。钳盘式制动器的固定元件为制动钳，制动钳中的制动块由工作面积不大的摩擦块与金属背板组成，每个制动器中有 2~4 个制动块。这些制动块及其促动装置都装在横跨制动盘两侧的夹钳形支架中。全盘式制动器的固定元件的金属背板和摩擦片都做成圆盘形，因而其制动盘的全部工作面可同时与摩擦片接触。钳盘式制动器目前应用于各级轿车和轻型货车，全盘式制动器只用于重型汽车。

钳盘式制动器可分为固定钳盘式和浮钳盘式两种，如图 1-37 所示。

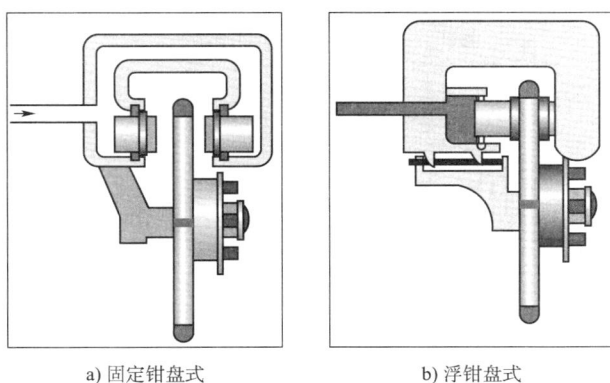

a) 固定钳盘式　　　　　　　　b) 浮钳盘式

图 1-37　钳盘式制动器

①固定钳盘式制动器。

如图 1-37 所示，制动钳体由两侧钳体和外侧钳体通过螺钉连接。制动盘深入制动钳的两个制动块之间。由摩擦块和钢质背板铆合或黏结而成的制动块通过两根导向销悬装在钳体上，并可沿导向销移动。

固定钳盘式制动器的工作原理如图 1-38 所示。制动时，制动液被压入内、外两侧油缸中,两活塞在液压作用下移向制动盘,并将制动块压靠到制动盘上。油缸活塞与制动块之间通过消声片来传力,可以减小制动时产生的噪声。

a) 固定钳盘式制动器不制动时　　　　　　b) 固定钳盘式制动器制动时

图 1-38　固定钳盘式制动器的工作原理

②浮钳盘式制动器。

制动钳体通过导向销与车桥相连,可以相对于制动盘轴向移动。制动钳体只在制动盘的内侧设置油缸,而外侧的制动块附装在制动钳体上。

浮钳盘式制动器的工作原理如图 1-39 所示。制动时,来自制动主缸的液压油通过进油口进入制动油缸,推动活塞及其上的制动块向右移动,并压到制动盘上,制动盘向活塞施加一个向左的反作用力,使活塞连同制动钳体整体沿导向销向左移动,直到将制动盘右侧的制动块也压紧在制动盘上。此时,两侧的制动块都压在制动盘上,夹住制动盘使其制动。

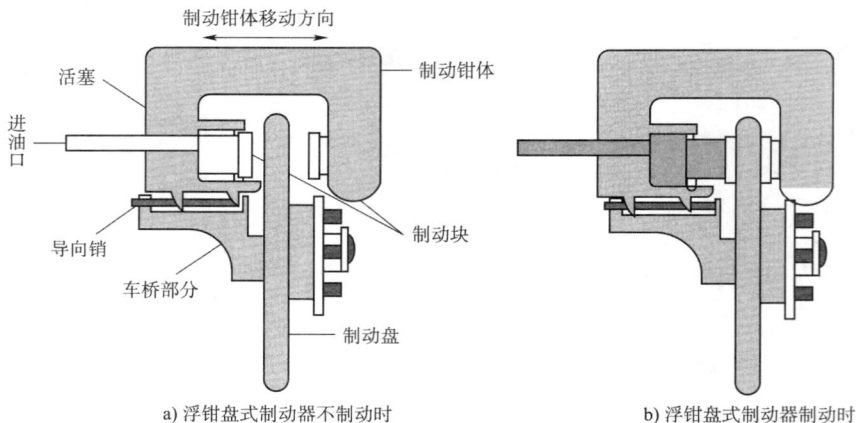

a) 浮钳盘式制动器不制动时　　　　　　b) 浮钳盘式制动器制动时

图 1-39　浮钳盘式制动器的工作原理

浮钳盘式制动器具有热稳定性和水稳定性好的优点,且结构简单、造价低廉。浮钳的结构还有利于整个制动器靠近车轮轮辐布置,使转向主销的下端外移,实现负的偏移距(指主销延长线接地点在车轮接地点的外侧),提高汽车抗制动跑偏能力。

2）大众 ID.4 新能源汽车后轮鼓式制动器

鼓式制动器有内张型和外束型，现在的鼓式制动器基本上使用的是内张型。它的制动块位于制动轮缸（或凸轮）内侧，制动时，制动块向外张开，摩擦制动轮的内侧，以达到制动的目的。前者以制动鼓的内圆柱面为工作表面，在汽车上广泛应用。

（1）鼓式制动器的结构、特点。

鼓式制动器主要由制动轮缸（或凸轮）、制动蹄及制动鼓等组成，如图 1-40 所示。

鼓式制动器的特点是造价低，符合传统设计。但其动力稳定性差，在不同路面上的制动力变化很大，不易于掌控，制动效能比较差。鼓式制动器在使用一段时间后，要定期调校制动蹄的间隙，并定期清理内部的制动粉。制动块和制动鼓在高温下易发生变形，容易产生制动衰退发抖的现象，从而引起制动效率降低。

（2）领从蹄式制动器的结构原理。

图 1-41 为领从蹄式制动示意图，其结构特点是两制动蹄的支承点都位于蹄的一端，两支承点与张开力作用点的布置均为轴对称式；制动轮缸中活塞的直径相等。汽车前进时制动鼓按图 1-41 中箭头方向旋转，当汽车制动时，前、后制动蹄在制动轮缸活塞推

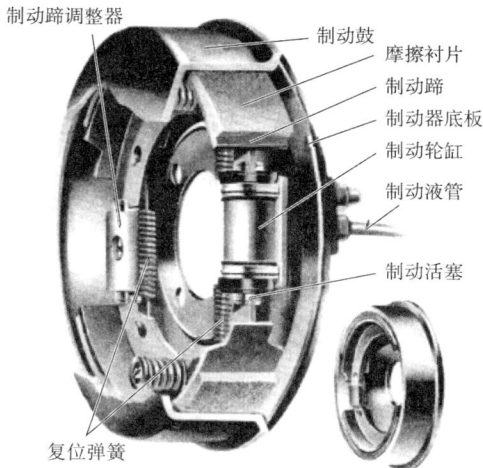

图 1-40 鼓式制动器

力作用下分别绕其下端的支承点旋转，由于前蹄在张开时的旋转方向与制动鼓方向相同，因此被称为领蹄。反之，后蹄的张开方向与制动鼓旋转方向相反，被称为从蹄。

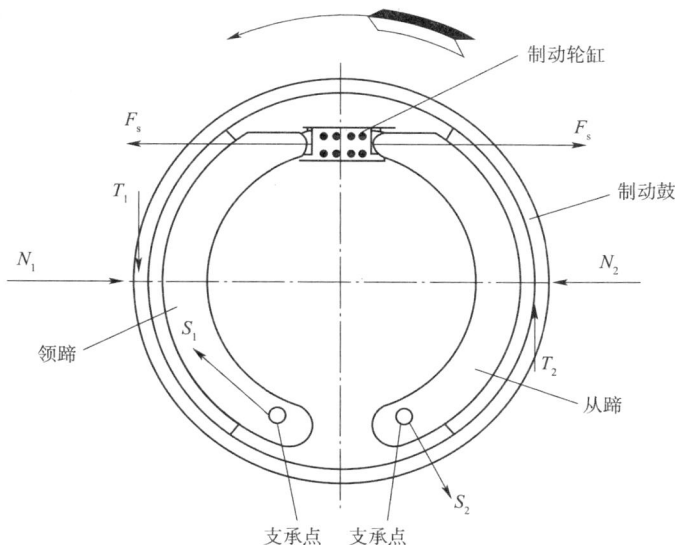

图 1-41 领从蹄式制动器示意图

在制动过程中,制动鼓对两制动蹄作用的法向反力和切向反力分别等效于 N_1、N_2 和 T_1、T_2,为解释方便,假设力的作用点如图 1-41 所示。两蹄上的这些力分别由其支点的支承反力 S_1、S_2 所平衡。由图 1-41 可见,领蹄上的切向合力的作用使领蹄在制动鼓上压得更紧,表明领蹄具有"增势"作用。与之相反,从蹄具有"减势"作用。因此,虽然领、从蹄所受促动力 F_s 相等,但由于 N_1 大于 N_2,领、从蹄所产生的制动力矩不等,一般情况下领蹄产生的制动力矩为从蹄制动力矩的 2 ~ 2.5 倍。倒车制动时,制动鼓旋转方向与前进时方向相反,后蹄变为领蹄,前蹄变为从蹄,但整个制动器的制动效能还是同前进时制动一样,这个特点被称为制动器的制动效能"对称"。

领从蹄式制动器存在两个问题:其一是在两蹄摩擦片工作面积相等的情况下,由于领蹄与从蹄所受法向反力不等,领蹄摩擦片上的单位压力较大,因而磨损严重,两蹄寿命不等。其二是由于制动蹄对制动鼓施加的法向反力不能互相平衡,两蹄法向反力之和只能由车轮轮毂轴承的反力来平衡,这就使轮毂轴承承受了径向载荷,使其寿命缩短。凡制动鼓所受来自两蹄的法向力不能互相平衡的制动器称为非平衡式制动器。

(3)鼓式制动器的类型。

根据制动蹄装置的不同,鼓式制动器可分为轮缸式、凸轮式和楔块式三种,如图 1-42 所示。根据制动过程中两制动蹄产生制动力矩的不同,鼓式制动器可分为领从蹄式、双领蹄式、双向双领蹄式、双从蹄式、单向自增力式和双向自增力式,如图 1-43 所示。

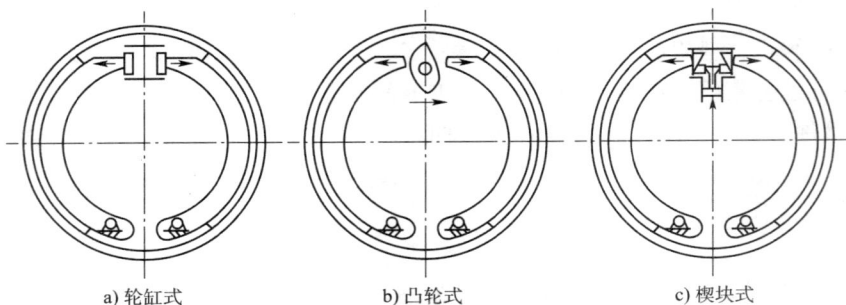

a) 轮缸式   b) 凸轮式   c) 楔块式

图 1-42 鼓式制动器的分类 1

在汽车前进制动过程时,两蹄均为领蹄的制动器称为双领蹄式制动器,如图 1-43b)所示,其结构特点是两个制动蹄各用一个单活塞的轮缸,且两套制动蹄、制动轮缸、偏心支承销制动底板和调整凸轮等在制动底板上的布置是中心对称的。

前进制动时两制动蹄均为从蹄的制动器称为双从蹄式制动器,如图 1-43d)所示,其结构与双领蹄式制动器类似,二者的差异仅为固定元件与旋转元件的相对运动方向不同。

双领蹄式、双向双领蹄式、双从蹄式制动器的固定元件布置都是对称的。如果间隙调整正确,则制动鼓所受两蹄施加的两个法向合力互相平衡,不会对轮毂轴承造成额外载荷。因此,这三种制动器都属于平衡式制动器。

自增力式制动器可分为单向式和双向式,如图1-43e)和f)所示。单向自增力式制动器只在前进方向上起增力作用,而在倒车制动时制动效能不及双从蹄式制动器,已很少采用。双向自增力式制动器在车轮正向和反向旋转时,均能借助制动蹄与制动鼓的摩擦起自动增力作用。

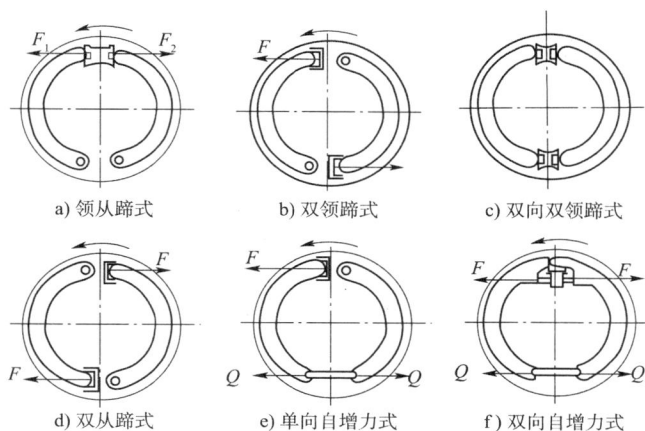

a) 领从蹄式 b) 双领蹄式 c) 双向双领蹄式

d) 双从蹄式 e) 单向自增力式 f) 双向自增力式

图1-43 鼓式制动器的分类2

就制动效能而言,在基本结构参数和轮缸工作压力相同的条件下,自增力式制动器对摩擦助势作用利用得最充分,其后依次为双向双领蹄式、双领蹄式、领从蹄式。但蹄鼓之间的摩擦因数本身为一个不稳定因素,随制动鼓和摩擦片的材料、温度和表面状况(如是否沾水、沾油,是否有烧结现象等)的不同,可在大范围内变化。自增力式制动器的效能对摩擦因数的依赖性最强,因而其效能的热稳定性最差,其后依次是双向双领蹄式、双领蹄式、领从蹄式。

3)大众ID.4新能源汽车制动策略

大众ID.4新能源汽车制动能量回收系统的应用具有里程碑式的意义。此系统能够有效地将制动过程中产生的能量转化为电能,为车辆提供更长的行驶里程,从而显著增强了电动车的经济性和实用性。大众ID.4新能源汽车巧妙地结合了电机能量再生制动与机械制动器,这种制动方式不仅提高了制动效率,而且在节能方面表现卓越。

大众ID.4新能源汽车的制动系统拥有多种模式,分别是标准模式、低模式和B模式,以应对不同的驾驶场景。标准模式满足日常驾驶需求,低模式在拥堵环境中能更有效地进行能量回收,而B模式通过单踏板驾驶,进一步简化了驾驶操作。在普通驾驶时,可选择D挡,此时车辆会在驾驶员松开加速踏板后自然滑行,确保舒适性的同时避免不必要的能量回收。而在下坡时,B挡则能有效降低车速,保障行车安全,同时实现节能目标,提升整体续航性。

值得一提的是,大众ID.4新能源汽车的制动能量回收系统还融入了智能学习机制,它可以根据驾驶员的习惯以及路况的变化,自动调节制动能量的回收力度,从而为每位驾驶员提供更加贴心、个性化的驾驶体验。

当然,也有人可能会对大众 ID.4 新能源汽车系列后轮采用的鼓式制动系统质疑,认为其不如盘式制动系统。确实,盘式制动系统在散热性能上表现更为出色,特别是在连续制动时,能有效避免热衰减导致的制动失灵问题。但大众 ID.4 新能源汽车的鼓式制动系统经过精心设计和优化,在实际应用中同样表现出色,能够确保驾驶员的行车安全。

3. 新能源汽车制动系统异响故障原因分析

新能源汽车制动系统出现异响故障,具体表现为在车辆行驶过程中制动时会出现异响,而当停止制动时,异响随即消失。该问题需要得到重视,以确保车辆的安全和正常运行。新能源汽车制动系统异响故障可能具体表现为以下几种情况:

(1)制动时发出尖锐刺耳的声音。这种声音通常是制动片与制动盘之间的摩擦不均匀或制动片磨损不均导致的。可能是制动片磨损过度,需要更换;也可能是制动盘表面不平整,需要修整或更换。

(2)制动时发出咯咯声或摩擦声。这种声音通常是制动片与制动盘之间有异物或污染物导致的。可能是制动片与制动盘之间有杂物,需要清理;也可能是制动片表面有油污或腐蚀物,需要清洗或更换。

(3)制动时发出嘎嘎声或金属刺耳声。这种声音通常是制动卡钳或制动盘与制动盘的间隙过大导致的。可能是制动卡钳固定螺栓松动,需要紧固;也可能是制动盘与制动盘的间隙过大,需要调整或更换。

(4)制动时发出嘶嘶声或制动片持续摩擦声。这种声音通常是制动片与制动盘之间的摩擦过大或制动片材质不适配导致的。可能是制动片与制动盘之间的摩擦因数不匹配,需要更换合适的刹车片;也可能是制动片与制动盘之间的摩擦面积不均匀,需要调整或更换制动片。

另外,制动系统的零部件润滑不良,也会导致制动时产生异响。这种情况下,需要检查制动系统的润滑情况,并进行适当的润滑处理。

4. 新能源汽车制动系统异响故障诊断与排除的工作流程

新能源汽车制动系统异响故障诊断与排除是一个复杂而严谨的过程,需要检修人员具备丰富的专业知识和实践经验。只有这样,才能确保故障诊断的准确性和维修的有效性,从而保障新能源汽车的安全和可靠运行。新能源汽车制动系统异响故障诊断与排除的工作流程一般如下:

首先需要收集关于异响的详细信息。这些信息一般来自驾驶员的反馈和对车辆进行的例行检查,包括异响出现的时间、频率、位置、声音特性等。这些信息对于后续的故障诊断和排除至关重要。

接下来,需要对制动系统进行全面的检查,包括对制动器、制动盘、制动鼓、制动液、制动管路等关键部件的详细检查。这个过程中,需要使用专业的工具和设备,如听诊器、示波器、压力计等,来检测和分析可能的故障源。

在检查过程中,如果发现了可能的故障源,就需要进行进一步的故障诊断。过程中将涉及对故障部件的拆解、测量、分析等。故障诊断的目的是确定故障的具体原因，以便进行针对性的维修。

故障诊断完成，就可以开始维修工作了。维修工作一般包括更换故障部件、调整制动系统参数、清洗制动系统等。在维修过程中，需要严格遵守相关的安全规范和操作流程，以确保维修质量和操作安全，避免对车辆和人员造成损害。同时，也要注意保护环境，避免制动液等污染物对环境造成危害。

维修完成后，需要对制动系统进行测试，以确保故障已经被完全排除，并且制动系统的工作性能已经恢复到正常水平。测试一般包括路试、制动性能测试等。

最后，需要记录整个故障诊断和维修的过程，并生成详细的维修报告。报告一般包括故障的原因、维修的过程、更换的部件、维修后的测试结果等信息。报告对于后续的车辆维护和故障预防具有一定的参考价值。

对新能源汽车制动系统异响故障的检查步骤主要如下：

首先，当新能源汽车的制动系统出现异响故障时，驾驶员应立即将车辆停放在安全的地方，并关闭电源，确保在进行检查时不会造成进一步的损害或危险。

接下来，可以按照以下步骤对新能源汽车制动系统的异响故障进行检查：

第一步，检查制动系统外观。仔细观察制动器、制动盘、制动片等部件是否有明显的磨损、变形或裂纹等异常情况。发现任何异常，应及时更换。

第二步，检查制动液。打开制动液储液罐盖，检查制动液是否充足，是否有泄漏现象。若制动液不足或存在泄漏，应及时补充或更换制动液。

第三步，检查制动片间隙。使用专用工具或凭手感检查制动片与制动盘的间隙是否合适，间隙过大或过小都可能导致异响故障。若发现间隙不合适，应及时调整或更换制动片。

第四步，检查制动器固定螺栓。使用合适的工具检查制动器固定螺栓是否松动或损坏。若螺栓松动或损坏，应及时紧固或更换。

第五步，进行路试。在确保安全的情况下，进行试驾，模拟不同制动情况下的异响现象。同时，使用听诊器等工具对制动系统进行监听，帮助定位异响的来源。

通过以上步骤的检查，可以初步判断新能源汽车制动系统异响故障的原因，并采取相应的措施进行修复。

在检查和维修过程中，务必注意安全，遵循操作规程，确保不会对车辆和人员造成损害。同时，也要注意保护环境，避免制动液等污染物对环境造成危害。

任务确认 »»»

连接故障诊断仪 VAS 6150，按下一键启动开关，打开故障诊断仪，进入数据总线诊断接口，读取并记录相关故障码与数据流。车辆下电后清除故障码，车辆再次上电后，使用故障诊断仪再次读取故障码并和之前的故障码进行对比，分析故障码的性质。

故障码	故障含义
数据流	数据流相应参数

三 决策

（1）查阅维修手册或维修资料，并在下方框图中画出大众 ID.4 新能源汽车制动系统的电路图。

（2）根据维修手册，简述大众 ID.4 新能源汽车制动系统工作原理。

（3）根据电路图分析大众 ID.4 新能源汽车制动系统异响的故障原因，与组员讨论并完成下面的故障分析图（鱼骨图）。

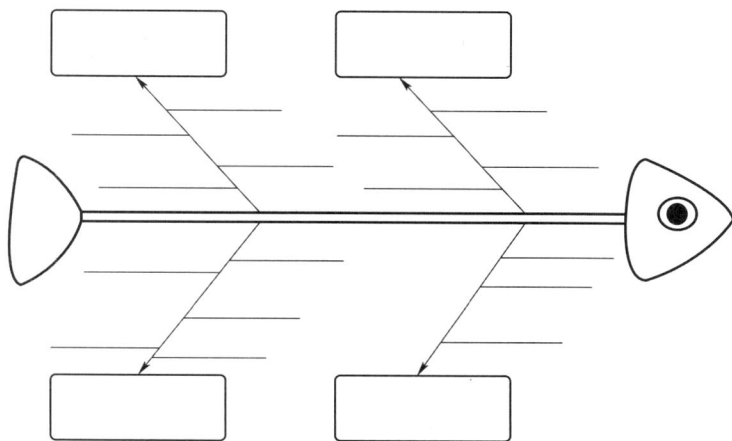

（4）通过查阅维修手册,结合故障分析,编制大众 ID.4 新能源汽车制动系统故障诊断与排除实施方案。

诊断步骤 >>>

步骤 1：

步骤 2：

步骤 3：

步骤 4：

步骤 5：

步骤 6：

步骤 7：

步骤 8：

步骤 9：

步骤 10：

步骤 11：

步骤 12：

人员安排 >>>

请小组商量后,确定组员的角色及分工。

组员	角色及分工

工具准备 »»

请根据相应的故障诊断需求，列出所需的工具设备清单。

序号	工具设备名称	作用

注意事项 »»

请根据操作条件及故障诊断的需求，列出操作时的注意事项。

序号	注意事项
1	
2	
3	
4	
5	

四 实施

大众 ID.4 新能源汽车制动系统异响故障检查步骤如下。

1.试车验证故障现象
路试车辆，验证异响现象。 初步判断异响源可能有以下几点： ①制动器（制动片和制动盘）。 ②制动液。 ③各连接处
2.安全防护工作

	（1）检查绝缘垫，布置警戒线，放置警示牌

续上表

2.安全防护工作	
	（2）绝缘手套、绝缘鞋、护目镜、安全帽外观及性能检查
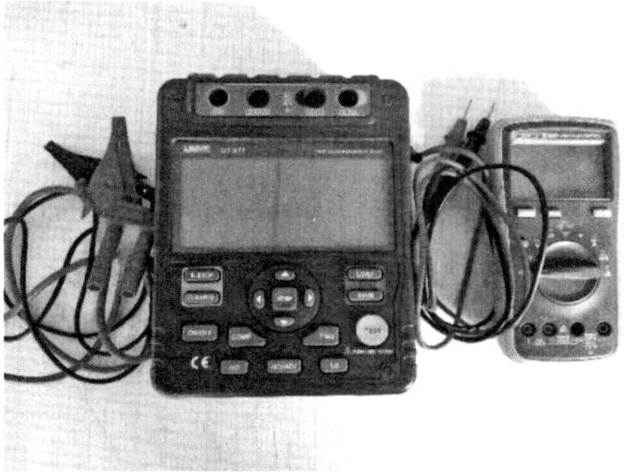	（3）绝缘万用表、绝缘工具箱、世达工具外观及性能检查
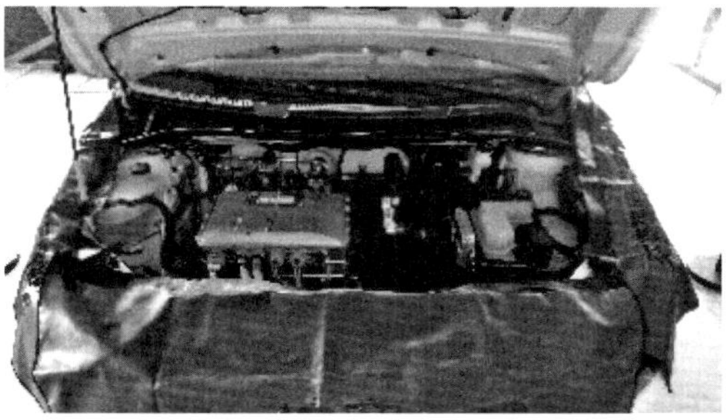 	（4）铺设翼子板防护垫、汽车维修三件套、脚垫

3.制动系统检查	
	（1）检查制动系统外观。如果发现任何异常，应及时更换
	（2）检查制动液。打开制动液储液罐盖，检查制动液是否充足，是否有泄漏现象。制动液不足或存在泄漏，应及时补充或更换制动液
	（3）检查制动片间隙。使用专用工具检查制动片与制动盘的间隙是否合适，间隙过大或过小都可能导致异响故障。发现间隙不合适，应及时调整或更换制动片
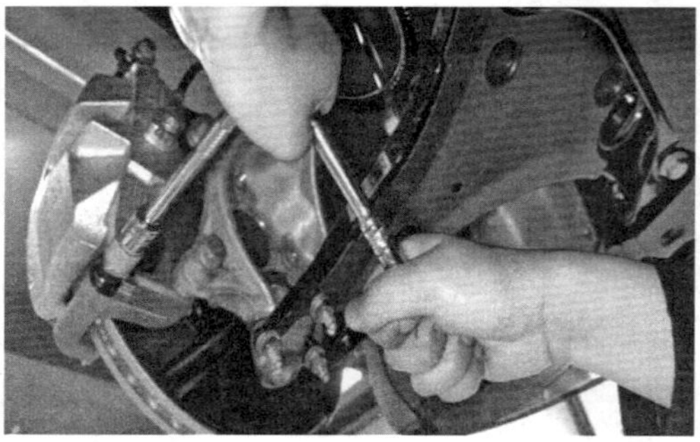	（4）检查制动器固定螺栓。使用合适的工具检查制动器固定螺栓是否松动或损坏。螺栓松动或损坏，应及时紧固或更换

4.故障排除	
	（1）更换制动片
—	（2）试车发现异响消失,故障排除

五 检查

用故障诊断仪 VAS 6150 读取故障码,根据诊断仪读出故障类型。

（1）关闭点火开关。

（2）将故障诊断仪连接到汽车故障诊断接口（U31）。

（3）按照故障诊断仪上的提示读出故障码(DTC)。

（4）清除故障码。

（5）再次读取故障码(是否依然存在故障码,在相应的横线上打√)。

是_____否_____

（6）验证制动系统是否正常工作。

（7）整理,恢复作业场地。

六 评估

活动总结 >>>

请根据维修过程撰写大众 ID.4 新能源汽车制动系统异响故障诊断与排除技术总结。

＿＿＿＿＿＿＿技术总结
1. 故障现象
2. 故障原因
3. 故障诊断与排除过程
4. 经验和不足

活动评价 »»

根据下表进行自评、互评、教师评价。

大众 ID.4 新能源汽车制动系统异响故障诊断与排除			实习日期：				

姓名：		班级：		学号：		教师签名：	
自评:□熟练 □不熟练		互评:□熟练 □不熟练		师评:□合格 □不合格			
日期：		日期：		日期：			

【评分细则】

序号	评分项	得分条件	分值（分）	评分要求	自评	互评	师评
1	安全/8S/态度	□1）能进行工位 8S 操作 □2）能进行设备和工具安全检查 □3）能进行车辆安全防护操作 □4）能进行工具清洁、校准、存放操作 □5）能进行"三不落地"操作	15	有 1 项未完成扣 3 分	□熟练 □不熟练	□熟练 □不熟练	□合格 □不合格
2	专业技术能力	□1）能正确读取故障码 □2）能正确读取数据流 □3）能正确检查制动器 □4）能正确检查制动液 □5）能正确检查连接件	50	有 1 项未完成扣 5 分	□熟练 □不熟练	□熟练 □不熟练	□合格 □不合格
3	工具及设备的使用能力	□能正确使用维修工具	10	有 1 项未完成扣 3 分	□熟练 □不熟练	□熟练 □不熟练	□合格 □不合格
4	资料、信息查询能力	□1）能正确使用维修手册查询资料 □2）能正确记录所需维修信息	10	有 1 项未完成扣 3 分	□熟练 □不熟练	□熟练 □不熟练	□合格 □不合格
5	数据判断和分析能力	□1）能判断制动系统部件是否损坏 □2）能判断制动异响位置	10	有 1 项未完成扣 3 分	□熟练 □不熟练	□熟练 □不熟练	□合格 □不合格
6	表单填写能力	□1）字迹清晰 □2）语句通顺 □3）无错别字 □4）无涂改 □5）无抄袭	5	有 1 项未完成扣 1 分	□熟练 □不熟练	□熟练 □不熟练	□合格 □不合格
总分：							

习题 ▶▶▶

1. 单选题

（1）新能源汽车在行驶过程中,若听到前轮部位发出"吱吱"声,且声音随车速增加而变大,最可能的原因是(　　)。

  A. 制动片磨损   B. 轮胎气压过高

  C. 电机轴承损坏   D. 动力蓄电池电量不足

（2）下列哪项不是导致新能源汽车行驶中底盘异响的常见原因?(　　)

  A. 悬架系统松动   B. 轮胎不平衡

  C. 电机过热   D. 传动轴损坏

（3）在进行新能源汽车行驶异响故障诊断时,首先应(　　)。

  A. 检查动力蓄电池电压   B. 路试并仔细听辨异响来源

  C. 拆解电机检查内部   D. 直接更换传动部件

（4）新能源汽车行驶过程中,若发出"嗡嗡"的持续性低频噪声,最可能涉及的系统是(　　)。

  A. 冷却系统   B. 制动系统   C. 驱动电机   D. 转向系统

（5）电动汽车驱动电机异响可能与(　　)有关。

  A. 电机控制器故障   B. 动力蓄电池老化

  C. 空调系统故障   D. 制动液不足

（6）在排除新能源汽车行驶异响时,若判断为电机轴承损坏,应先进行的操作是(　　)。

  A. 更换动力蓄电池   B. 检查并更换电机轴承

  C. 调整悬架系统   D. 清洁电机外壳

（7）在诊断新能源汽车电机异响时通常不需要使用(　　)。

  A. 万用表   B. 听诊器   C. 绝缘电阻表   D. 举升机

（8）新能源汽车在高速行驶时,若突然发出尖锐的金属摩擦声,应立即采取的措施是(　　)。

  A. 加速行驶以掩盖噪声   B. 立即减速停车检查

  C. 忽略噪声继续行驶   D. 重启车辆看异响是否消失

（9）(　　)可能与新能源汽车的转向系统有关。

  A. 高速行驶时的风噪声   B. 低速转弯时的"咯吱"声

  C. 电机启动时的嗡嗡声   D. 制动时的尖锐摩擦声

（10）在诊断新能源汽车传动系统异响时,如果怀疑是传动轴问题,应(　　)。

  A. 拆解电池包检查

  B. 举升车辆检查传动轴连接及磨损情况

　　　　C. 直接更换传动轴试验

　　　　D. 检查车载充电器工作状态

2. 判断题

（1）异响源定位能力是新能源汽车故障诊断中的基本技能之一，通过路试和听诊器可以有效定位异响来源。　　　　　　　　　　　　　　　　（　　）

（2）异响类型识别仅依靠听觉即可完成，无须结合车辆的其他表现或测试数据。

　　　　　　　　　　　　　　　　　　　　　　　　　　　　　　（　　）

（3）新能源汽车的故障码与异响问题无直接关联，故障码主要反映电气系统的故障。　　　　　　　　　　　　　　　　　　　　　　　　　　　　（　　）

（4）传动系统异响检查通常包括检查传动轴、轴承、齿轮等部件的磨损和松动情况。　　　　　　　　　　　　　　　　　　　　　　　　　　　　（　　）

（5）电机控制器本身不会发出异响，因此异响与电机控制器无关。　（　　）

（6）理解并掌握新能源汽车故障诊断流程，对于准确、高效地排除异响故障至关重要。　　　　　　　　　　　　　　　　　　　　　　　　　　　　（　　）

（7）制动系统异响通常与制动片磨损、制动盘不平整或制动卡钳故障有关。

　　　　　　　　　　　　　　　　　　　　　　　　　　　　　　（　　）

（8）悬架系统异响检查主要关注减振器、弹簧、球头等部件的损坏和老化情况。

　　　　　　　　　　　　　　　　　　　　　　　　　　　　　　（　　）

（9）在进行新能源汽车异响排除作业时，必须严格遵守安全操作规范，确保人身和设备安全。　　　　　　　　　　　　　　　　　　　　　　　　　（　　）

（10）异响排除后，必须进行验证测试，确保异响已彻底消除，并检查是否引发其他潜在故障。　　　　　　　　　　　　　　　　　　　　　　　　　（　　）

3. 实操练习题

（1）请详细阐述新能源汽车中常见的三种异响类型，并分别说明它们可能的成因。

（2）设计一个新能源汽车行驶异响的基本诊断流程，并列举在此过程中可能使用的关键诊断工具。

（3）针对新能源汽车电机出现的异响问题，提出一套详细的故障排除策略。

（4）分析一个新能源汽车传动系统异响的实际案例，包括故障现象、诊断过程、故障原因及解决方案。

（5）结合新能源汽车的特点，提出针对异响问题的预防措施及日常维护建议。

学习任务二

新能源汽车电控助力转向
警告灯常亮故障诊断与排除

学习目标 》》》

知识目标

1. 掌握新能源汽车电控助力转向系统的组成及工作原理;

2. 了解大众 ID.4 新能源汽车电控助力转向系统的组成及工作原理;

3. 能读懂大众 ID.4 新能源汽车电控助力转向系统电路图;

4. 能查阅维修手册等技术资料,分析新能源汽车电控助力转向系统警告灯常亮的原因;

5. 掌握大众 ID.4 新能源汽车电控助力转向系统警告灯常亮的故障诊断步骤;

6. 掌握大众 ID.4 新能源汽车电控助力转向系统运行性能要求。

技能目标

1. 能阅读维修工单,根据班组长的描述及基本检查确认故障现象,填写车辆信息和故障信息;

2. 能查阅维修手册分析新能源汽车电控助力转向系统组成及工作原理,结合故障现象,分析故障原因,编制电控助力转向警告灯常亮故障诊断与排除方案;

3. 能根据检测结果及故障原因分析,确定电控助力转向维修项目,并征得班组长的同意;

4. 能根据故障诊断与排除方案,参照维修手册,准备工具、仪器设备、耗材物料,使用诊断设备和工具,对车辆电控助力转向系统的元件、控制线路及控制模块等实施数据检测、故障码读取、故障部位查找、故障点修复等作业。维修作业遵守汽车厂家操作规定、安全生产制度、环保管理制度及"8S"管理规定,养成良好的职业规则意识;

5. 能根据电控助力转向系统运行性能要求对维修结果进行自检并记录结果和维修保养建议等信息后交给班组长检查;

6. 能撰写电控助力转向系统维修技术总结(包括故障现象、故障原因、故障诊断与排除过程、经验和不足),并提出改进性建议。

素养目标

1.提升分析判断能力和逻辑推理能力;

2.能与车主良好沟通,提高自身的语言表达和沟通服务能力;

3.能感受到汽车电子技术的发展对汽车运行性能的影响,点燃"科技强国"梦想;

4.能够在工作过程中与小组其他成员分工、合作、交流,具备团队合作意识,锻炼沟通能力;

5.具备与本专业职业发展相适应的劳动素养、劳动技能;

6.遵守道德准则和行为规范,具备社会责任感和社会参与意识。

建议学时 >>>

50 学时

学习活动 >>>

学习活动 1　故障基本检查
学习活动 2　电源电压低、电源电压正极断路故障诊断与排除
学习活动 3　转矩、转角传感器信号故障诊断与排除
学习活动 4　电控助力转向系统通信故障诊断与排除
学习活动 5　电控助力转向器总成故障诊断与排除

学习活动 1　故障基本检查

一　资讯

情境描述 >>>

一辆大众 ID.4 新能源汽车进厂维修,车主反映汽车电控助力转向警告灯亮,经确认故障现象后,需要对汽车底盘电控助力转向系统进行检查。

学生接受新能源汽车电控助力转向警告灯亮故障诊断与排除任务后,与车主进行充分沟通,在规定时间内进行工作任务确认,并生成任务委托书;通过查阅维修手册,结合故障分析,编制电控助力转向警告灯亮故障诊断与排除任务实施方案,包括诊断步骤、人员安排、工具准备、注意事项等。学生可选择以独立或小组合作的方式,依据任务实施方案和作业流程,参照维修手册,准备工具、仪器设备、耗材物料,使用诊断设备和工具,对车辆电控助力转向系统进行基本检查、故障码读取等作业;自检合格

后,填写任务工单并进行质量检验。同时,学生应在教师指导下总结任务实施过程,撰写技术总结。在工作过程中,学生应牢固树立成本意识,严格遵守现场工作管理规范。

任务要求 >>>

请你根据情境描述,在规定的时间内,分别完成大众 ID.4 新能源汽车电控助力转向警告灯亮故障检查实施方案的编制和故障的基本检查:

(1)请列出需要和车主沟通的内容;

(2)完成车辆的环车检查,填写好任务委托书;

(3)请查阅该车型的维修手册,查看汽车电控助力转向系统的电路图,列出可能存在的故障原因,并说明理由;

(4)根据情境描述的故障现象,查阅维修手册等资料,制定一份尽可能详细的汽车电控助力转向警告灯亮故障检查实施方案,并全面而细致地说明采取此方案的理由;

(5)查阅维修手册,对汽车电控助力转向系统进行基本检查;

(6)请列出在维修汽车电控助力转向系统基本检查过程中需要注意的事项。

任务分组 >>>

全班学生分成若干个学习小组,每小组 4~6 人。

班组长:任务布置,组员分工。

服务顾问:接待问诊,基本检查,故障现象确认。

配件管理员:耗材准备。

工具管理员:工具设备准备,维修资料查阅。

维修技师:维修操作。

车间主管:维修质量检验。

二 计划

知识链接 >>>

1.汽车助力转向系统发展历程

汽车助力转向系统经历了三个发展阶段:从最初的机械式转向系统(Mechanical Steering,MS)发展为液压助力转向系统(Hydraulic Power Steering,HPS),后来又出现了电控液压助力转向系统(Electrical Hydraulic Power Steering,EHPS)和电动助力转向系统。

（1）液压助力转向系统

液压助力是最常见的一种助力方式，它诞生于 1902 年，由英国人 Frederick W. Lanchester 发明，而最早的商品化应用则推迟到了半个世纪之后，1951 年克莱斯勒把成熟的液压转向助力系统应用在了 Imperial 车系上。由于技术成熟可靠，而且成本低廉，该系统得以被普及。液压助力系统的主要组成部分有液压泵、油管、压力流体控制阀、V 形传动皮带、储油罐等。这种助力方式是将一部分发动机动力输出转化成液压泵压力，向转向系统施加辅助作用力，从而使轮胎转向。

（2）电控液压助力转向系统

由于液压助力需要大幅消耗发动机动力，所以人们在液压助力转向系统的基础上进行改进，开发出了更节省能耗的电控液压助力转向系统。这套系统的转向油泵不再由发动机直接驱动，而是由电动机来驱动，并且还加装了电子控制系统，使得转向辅助力不仅与转向角度有关，还与车速有关。机械结构上增加了液压反应装置和液流分配阀，新增的电子控制系统包括车速传感器、电磁阀、转向 ECU 等。

（3）电动助力转向系统

电动助力转向系统是汽车转向系统的发展方向。该系统由电动助力机直接提供转向助力，省去了液压动力转向系统所必需的动力转向油泵、软管、液压油、传送带和装于发动机上的皮带轮，既节省能耗，又保护了环境。另外，它还具有调整简单、装配灵活以及在多种情况下都能提供转向助力的特点。

2. 汽车电动助力转向系统组成与工作原理

EPS 系统是一种直接依靠电机提供辅助转矩的动力转向系统，与传统的 HPS 系统相比，EPS 系统具有很多优点：

（1）降低了燃油消耗；

（2）增强了转向跟随性；

（3）改善了转向回正特性；

（4）提高了操纵稳定性；

（5）提供可变的转向助力；

（6）采用"绿色能源"，适应现代汽车的要求；

（7）系统结构简单，占用空间小，布置方便，性能优越；

（8）生产线装配性好。

1）组成

如图 2-1、图 2-2 所示，EPS 系统主要由转矩传感器、转角传感器、车速传感器、电动机、减速机构和 ECU 等组成。

（1）转矩传感器。

转矩传感器用于检测作用于转向盘上转矩信号的大小与方向，接触式转矩传感器是在转向轴位置加一根扭杆，通过扭杆检测输入轴与输出轴的相对位移，并将这种变化输入 ECU，如图 2-3 所示。

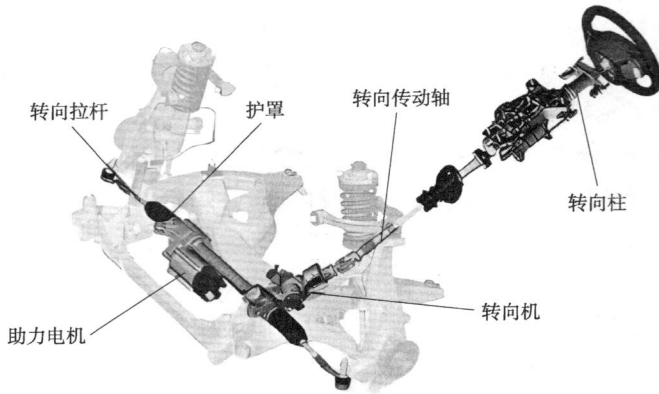

图 2-1 新能源汽车电动助力转向系统组成

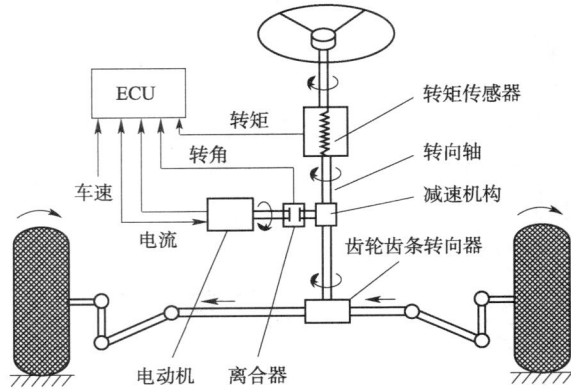

图 2-2 新能源汽车电动助力转向系统结构示意图

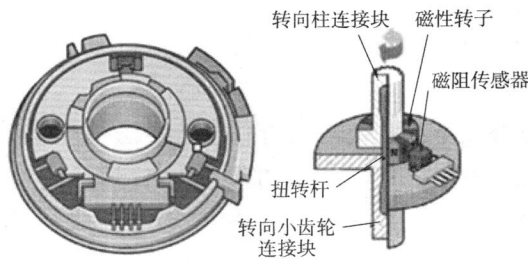

图 2-3 接触式转矩传感器结构示意图

（2）电动机。

EPS 系统一般采用直流无刷永磁电动机，该电动机具有无励磁损耗、效率较高、体积较小等特点，如图 2-4 所示。

（3）电磁离合器。

电磁离合器可以保证电动助力只在预定的范围内起作用。当车速、电流超过限定的最大值或转向系统发生故障时,电磁离合器便自动切断电动机动力,恢复手动控制转向。EPS 单片干式电磁离合器结构如图 2-5 所示。

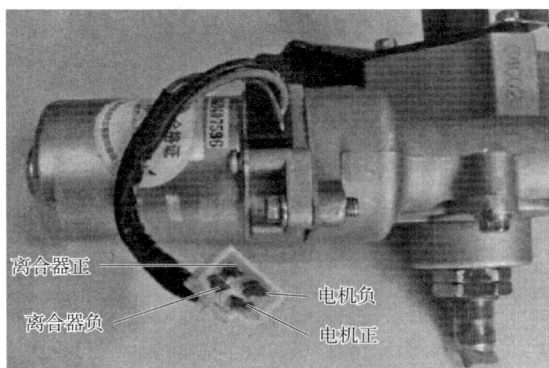

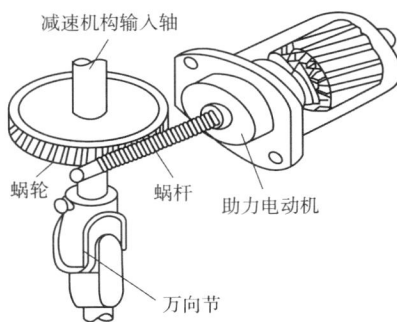

图 2-4　EPS 直流无刷永磁电动机结构

（4）减速机构。

减速机构用来增大电动机传递给转向器的转矩。EPS 系统主要应用蜗轮蜗杆减速机构实现减速增矩,其结构如图 2-6 所示。

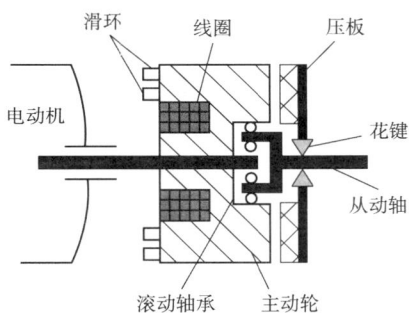

图 2-5　EPS 单片干式电磁离合器结构　　　图 2-6　EPS 蜗轮蜗杆减速机构结构

2）工作原理

电动式 EPS 以直流电动机作为助力源,电子控制单元根据车速和转向参数控制电动机通电电流强度,调节加力电动机工作力矩,进而控制转向助力强度。

电动式 EPS 的助力作用受计算机控制,在低速转向时的助力作用最强,随着车速的升高助力作用逐渐减弱。

操纵转向盘时,装在转向盘轴上的转矩传感器、转向角度传感器不断地测出转向轴上的转矩信号和方向反转角信号,该信号与车速信号同时输入电子控制单元。电子控制单元根据这些输入信号,确定助力转矩的大小和方向,即选定电动机的电流和转向,调整转向辅助动力的大小。电动机的转矩由电磁离合器通过减速机构减速增矩后,施加在汽车的转向机构上,使之得到一个与汽车工况相适应的转向作用力,如图 2-7 所示。

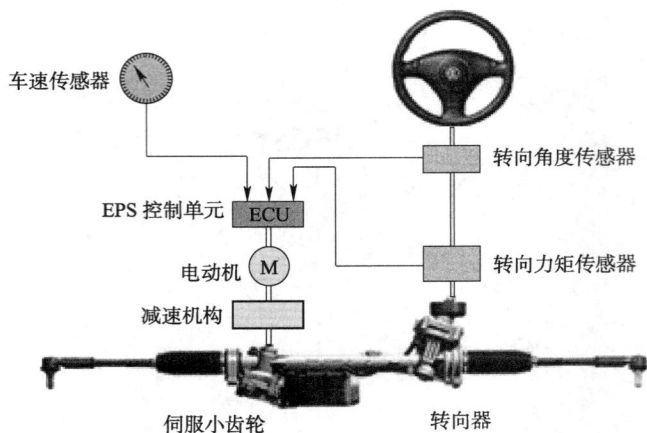

图 2-7　EPS 工作原理示意图

3.汽车电动助力转向系统的分类

电动助力转向系统根据电机驱动部位和机械结构的不同,可分为转向轴助力式(C-EPS)、齿轮助力式(P-EPS)和齿条助力式(R-EPS),如图 2-8 所示。

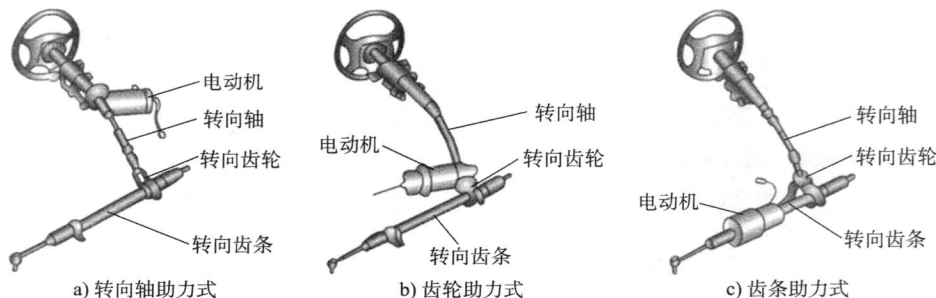

a) 转向轴助力式　　　　　b) 齿轮助力式　　　　　c) 齿条助力式

图 2-8　电动助力转向系统的分类

4.电动助力转向系统警告灯

(1)当车辆上装备有电动助力转向系统时,通过警告灯提示该系统是否工作正常。

(2)该系统工作正常时,当将点火开关转到"ON"位置时,警告灯点亮数秒后会自动熄灭,表示该系统自检正常。

(3)如果在驾驶过程中,该灯一直不熄灭或突然自动点亮,表明助力转向系统发生故障,应该到维修单位检修。

电动助力转向系统警告灯符号如图 2-9 所示。

5.EPS 系统结构及原理认知

1)电控助力转向系统的组成

电控助力转向系统的部件有转向盘、转向柱、转向盘转角传感器、转向力矩传感器、转向齿轮、转向助力电动机及转向助力控制单元,如图 2-10 所示。

图 2-9　电动助力转向系统警告灯符号

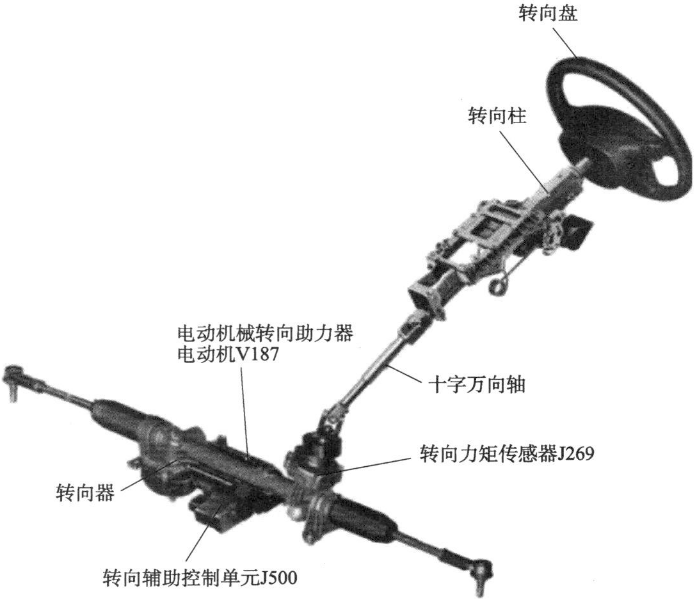

图 2-10　电控助力转向系统组成

2）工作原理

当驾驶员旋转转向盘时,转向助力系统开始工作。安装于转向柱上的转向盘转角传感器 G85 将检测到的转向盘的旋转角度和旋转速度,以电信号的方式送至转向助力控制单元。与此同时,作用在转向盘上的力矩经过传递驱动转向小齿轮旋转,转向力矩传感器 J269 检测到旋转力矩并将其传给控制单元 J500。根据转向力、车速、转向盘转角、转向盘转速以及存储在控制单元 J500 中的特性曲线图,控制单元 J500 计算出必要的助力力矩并控制电动机开始工作。由电动机驱动的第二个小齿轮(驱动小齿轮)提供转向助力,从而驱动转向齿条,如图 2-11 所示。

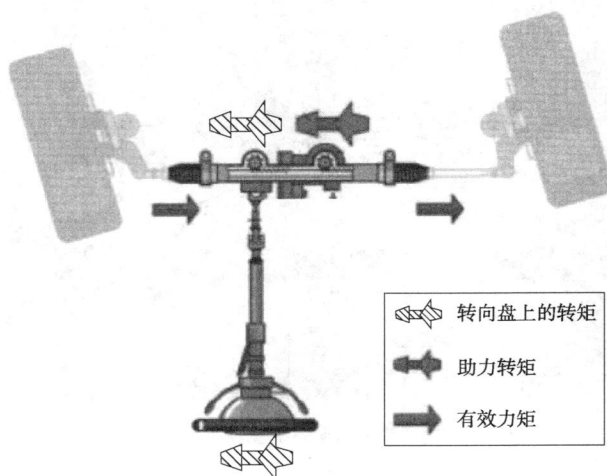

图 2-11　电控助力转向系统工作过程

3)大众 ID.4 新能源汽车电动助力转向系统的工作过程

(1)停车时的转向过程,如图 2-12 所示。

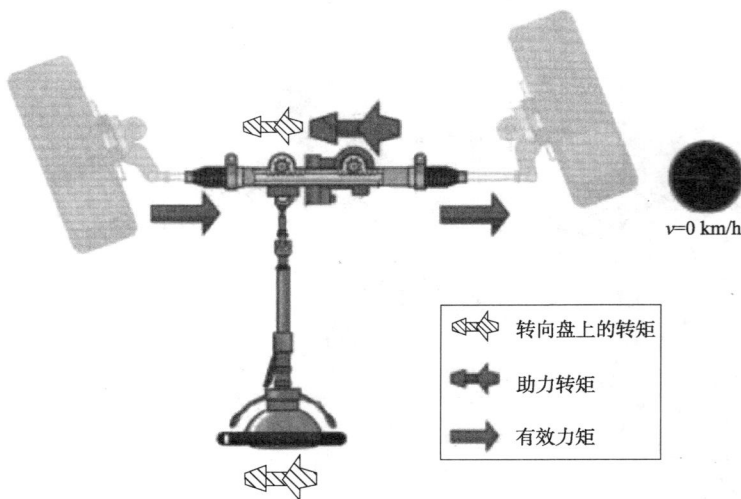

图 2-12　电控助力转向系统停车时的转向过程

①停车时,驾驶员用力转动转向盘。

②扭转棒被扭转。转向力矩传感器 J269 探测到扭转,并通知控制单元 J500 向转向盘上施加大转向力矩。

③转向盘转角传感器 G85 发送大转向角信号,转子转速传感器发送当前的转向速度信号。

④控制单元 J500 根据大转向力矩、车速 0km/h、内燃发动机转速、大转向角、转向速度和控制单元 J500 中设置的 $v=0$km/h 时的特性曲线测定需要较大的助力转矩,并对电动机进行控制。

⑤在停车时通过第二只平行于齿条发生作用的小齿轮提供最大的转向助力。

⑥转向盘转矩和最大助力转矩的总和是停车时转向器上引起齿条运动的有效力矩。

(2)市区行驶时的转向过程,如图 2-13 所示。

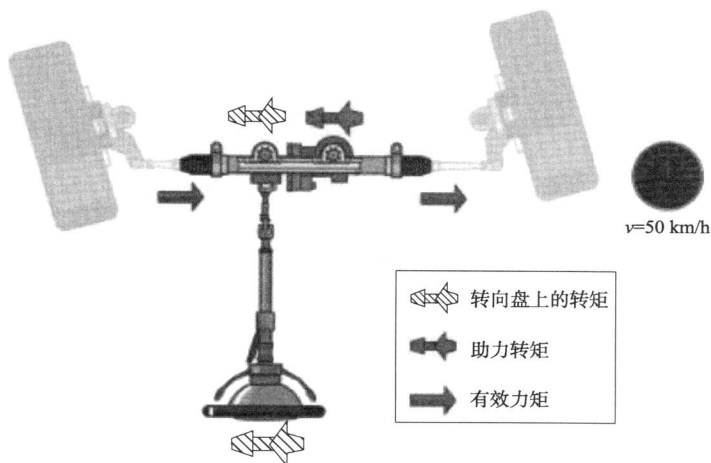

图 2-13 电控助力转向系统市区行驶时的转向过程

①当汽车在市区中转弯行驶时,驾驶员转动转向盘。

②扭转棒被扭转。转向力矩传感器 J269 探测到扭转,并通知控制单元 J500 向转向盘施加中等力度的转向力矩。

③转向盘转角传感器 G85 发送中等转向角信号,转子转速传感器发送当前的转向速度信号。

④控制单元 J500 根据中等力度的转向力矩、车速 50km/h、内燃发动机转速、中等的转向角、转向速度和控制单元 J500 中设置的 $v=50$km/h 时的特性曲线测定需要中等大小的助力转矩,并对电动机进行控制。

⑤在转弯行驶时通过第二只平行于齿条发生作用的小齿轮提供中等力度的转向助力。

⑥转向盘转矩和中等助力扭矩的总和是市区内转弯行驶时转向器上引起齿条运动的有效力矩。

(3)高速行驶时的转向过程,如图 2-14 所示。

①变换车道时,驾驶员轻微转动转向盘。

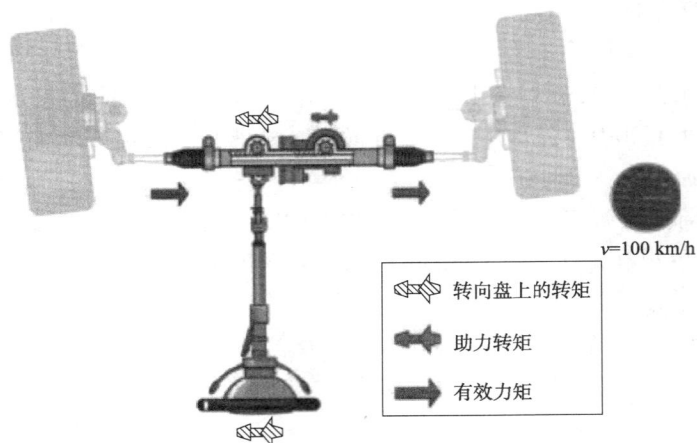

图 2-14 电控助力转向系统高速时的工作过程

②扭转棒被扭转。转向力矩传感器 J269 探测到扭转,并通知控制单元 J500 向转向盘施加了少量的转向力矩。

③转向角传感器 G85 发送小转向角信号,转子转速传感器发送当前的转向速度信号。

④控制单元 J500 根据小转向力矩、车速 100km/h、内燃发动机转速、小转向角、转向速度和控制单元 J500 中设置的 $v=100km/h$ 时的特性曲线测定需要较小的助力转矩或无须助力转矩,并对电动机进行控制。

⑤在高速公路转向过程中通过第二只平行于齿条发生作用的小齿轮提供少量转向助力或不提供转向助力。

⑥方向盘转矩和最小的助力转矩的总和是变换车道时转向器上引起齿条运动的有效力矩。

(4)主动回位,如图 2-15 所示。

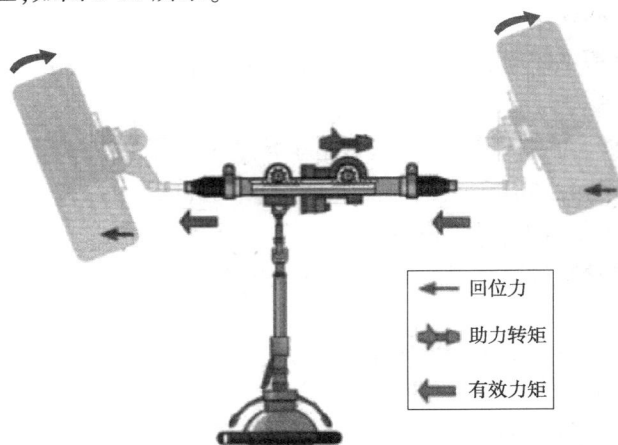

图 2-15 电控助力转向系统主动回位过程

①如果驾驶员在转弯行驶中降低转向力矩,扭转棒会自动松开。

②根据下降的转向力矩和转向角与转向速度之间的关系计算出额定快退速度。然后将此速度与转向角速度相比较。由此得出回位扭矩。

③由于车桥的几何结构,转向的车轮上会产生回位力。由于转向系统和车桥内的摩擦力,此回位力通常太小,不能使车轮回位至正前行驶位置。

④控制单元 J500 通过分析转向力矩、车速、内燃发动机转速、转向角、转向速度和控制单元 J500 中设定的特性曲线,计算出回位所需的电动机转矩。

⑤控制电动机并使车轮回位至正前行驶位置。

任务确认 》》》

1.明确工作任务

(1)请认真阅读情境描述,用彩笔标记关键词,并用一句话总结你需要完成的任务及要求。

工作要求

(2)现需要与班组长进行沟通并确认车辆等相关信息,请你列出需要问的问题。

序号	问题
1	
2	
3	
4	
5	

2.环车检查

(1)车内检查项目。

登记里程,检查油表,检查是否有故障灯亮及点烟器等;

检查各开关工作情况(降下四门风窗玻璃、电动折叠后视镜);

检查刮水器各项功能,打开所有灯光(前照灯、雾灯及警报灯等);

检查天窗及功能,打开两前化妆镜检查;

检查手套箱(打开前务必询问车主是否方便,提醒车主保管好贵重物品);

检查室内是否有损伤(如座椅及顶篷灯);

下车前将机盖打开。

(2)车外观检查项目。

检查车外表有无损伤;

检查四车轮(包括轮毂、轮胎、气嘴);

检查各灯光是否亮。

(3)发动机舱检查项目。

检查插头、卡扣及固定胶等。

(4)行李舱检查项目。

打开行李舱前务必询问车主是否方便打开,并提醒车主保管好贵重物品;

检查随车工具是否齐全;

检查功放及三角警示牌等;

检查备胎是否正常。

(5)上升举升机检查项目。

检查各球头、轮胎及制动踏板,底盘是否有泄漏、刮伤;

检查四减振器及缓冲胶。

3.故障现象确认

(1)打开点火开关,观察组合仪表电控助力转向警告灯是否点亮。

(2)检查原地转向功能是否正常。

进一步确认故障现象为:_____。

4.任务委托书填写

请根据沟通内容、故障现象以及环车检查填写任务委托书。

一汽大众某店车辆环检问诊单

是否预约　是□　否□　车牌号_____　　　　　　　接车时间：　年　月　日　时　分

基本信息	车主□　送修人□	姓名		车型		购车日期	
		电话		备用电话		总里程	
		VIN 码				EV 里程	

顾客描述	保　养:□首次保养　　□强制保养　　　□一般保养　□常规保养
	发动机:□难起动　　　□怠速不稳　　　□动力不足　□油耗高　□易熄火　□抖动　□加速不良
	异　响:□发动机　　　□底盘　　　　　□行驶　　　□变速箱　□制动　　□仪表台　□座椅车门
	灯　亮:□发动机故障灯　□SVS 灯　　　□ABS 灯　　□空气囊灯　□机油压力报警灯　□胎压报警
	□EPS 灯/REPS 灯门　□ESP 灯　　□充电系统灯　□动力系统故障灯　□电机故障灯
	□主警告指示灯　□动力蓄电池故障灯　□发动机冷却液报警灯　　□电机冷却液报警灯
	空　调:□不制冷　　　□异响　　　　　□有异味　　□出风冷热不均
	漏　水:□冷却液　　　□车身　　　　　□天窗　　　□前挡风　□后挡风
	漏　油:□发动机　　　□变速箱　　　　□制动　　　□转向
	事　故:□保险事故整形油漆　　　　　　□局部整形补漆
	具体描述(5M2H)：

物品确认 (有打√无×)	□备胎　□随车工具　□灭火器　□点烟器　□警示牌　□充电线　□其他_____	油量 电量____%

环车检查	内饰检查□　　　　　　　　　外观检查□ 检查结果:良好√　　异常×	

服务顾问提醒	1.维修旧件(非索赔件)处理：　□顾客要求带走　□顾客选择不带走
	2.维修后洗车：　　　　　　□洗车　　　　　□不洗车
	3.维修后充电：　　　　　　□充电　　　　　□不充电　　　□预估充电用时_____
	4.已提醒您将车内贵重物品带离车辆并妥善保管。　□已确认
	服务顾问 □　　　　　　　　　　顾客签字 □

服务/技术顾问 初步建议	签名：

维修班组 诊断结果	维修项目	所需备件	备件确认	索赔确认
			□有□无	□是□否
			□有□无	□是□否
			□有□无	□是□否

三 决策

(1)查阅维修手册或维修资料,并在下方框图中画出大众 ID.4 新能源汽车电控助力转向系统的电路图。

(2)根据电路图分析大众 ID.4 新能源汽车电控助力转向系统灯常亮的故障原因,与组员讨论并完成下面的故障分析图(鱼骨图)。

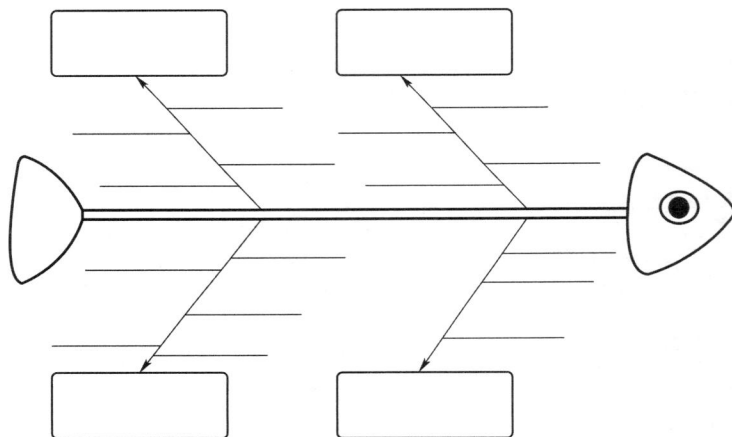

(3)通过查阅维修手册,结合故障分析,编制大众 ID.4 新能源汽车电控助力转向警告灯亮故障基本检查实施方案。

诊断步骤 》》》

步骤1:

步骤2:

步骤3:

步骤4:

步骤5:

步骤6：

步骤7：

步骤8：

步骤9：

步骤10：

步骤11：

步骤12：

👓 人员安排 ⟫⟫

请小组商量后，确定组员的角色及分工。

组员	角色及分工

🗒 工具准备 ⟫⟫

请根据相应的故障诊断需求，列出所需的工具设备清单。

序号	工具设备名称	作用

📰 注意事项 ⟫⟫

请根据操作条件及故障诊断的需求，列出操作时的注意事项。

序号	注意事项
1	
2	
3	
4	
5	

四 实施

1. 转向盘自由行程的检查

检查转向盘自由行程的步骤如下：

(1)停车且轮胎朝向正前方；

(2)向左或向右轻轻转动转向盘,检查转向盘的自由行程。如下图所示,转向盘最大自由行程不大于30mm。如果自由行程超过最大值,需检查转向系统。

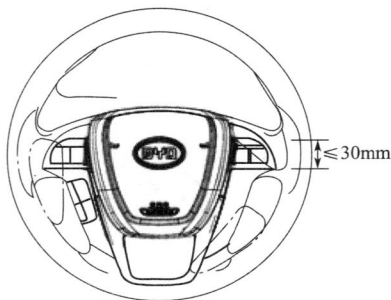

检查结果：_____。

2. 故障码的读取

用手持式专用故障诊断仪 VW VAS 6150E 读取故障码,根据故障诊断仪读出故障类型。

(1)关闭点火开关。

(2)将故障诊断仪连接到汽车故障诊断接口(DLC3)。

(3)按照故障诊断仪上的提示读出故障码(DTC)。

(4)清除故障码。

(5)再次读取故障码(是否仍然有故障码,在相应的横线上打√,如有故障码,则记录)。

是_____,故障码为：_____;故障含义：_____。

否_____。

五 检查

(1)由班组长对转向盘自由行程进行进一步检查。

检查结果：_____。

(2)用故障诊断仪 VW VAS 6150E 读取故障码,根据诊断仪读出故障类型。

①关闭点火开关。

②将故障诊断仪连接到汽车故障诊断接口(U31)。

③按照故障诊断仪上的提示读出故障码(DTC)。

④清除故障码。

⑤再次读取故障码(是否依然存在故障码,在相应的横线上打√)。

是_____ 否_____

⑥验证电控助力转向系统是否正常工作。

⑦整理,恢复作业场地。

六 ⚡ 评估

📋 **活动总结** >>>

请根据工作过程撰写大众 ID.4 新能源汽车电控助力转向警告灯亮故障基本检查技术总结。

_____技术总结
1.故障现象
2.故障原因
3.故障诊断与排除过程
4.经验和不足

活动评价 》》》

根据下表进行自评、互评、教师评价。

大众 ID.4 新能源汽车电控助力转向系统故障基本检查				实习日期：				
姓名：		班级：		学号：		教师签名：		
自评：□熟练 □不熟练		互评：□熟练 □不熟练		师评：□合格 □不合格				
日期：		日期：		日期：				

			【评分细则】					
序号	评分项	得分条件		分值 （分）	评分要求	自评	互评	师评
1	安全/ 8S/态度	□1）能进行工位 8S 操作 □2）能进行设备和工具安全检查 □3）能进行车辆安全防护操作 □4）能进行工具清洁、校准、存放操作 □5）能进行"三不落地"操作		15	有 1 项未完成扣 3 分	□熟练 □不熟练	□熟练 □不熟练	□合格 □不合格
2	专业 技术能力	□1）能与车主良好沟通 □2）能确认故障现象 □3）能正确完成环车检查 □4）能正确填写任务委托书 □5）能分析故障原因 □6）能制定故障基本检查方案 □7）能实施基本检查		50	有 1 项未完成扣 5 分	□熟练 □不熟练	□熟练 □不熟练	□合格 □不合格
3	工具及 设备的 使用能力	□能正确使用维修工具		10	有 1 项未完成扣 3 分	□熟练 □不熟练	□熟练 □不熟练	□合格 □不合格
4	资料、信息 查询能力	□1）能正确使用维修手册查询资料 □2）能正确记录所需维修信息		10	有 1 项未完成扣 3 分	□熟练 □不熟练	□熟练 □不熟练	□合格 □不合格
5	数据判断 和分析能力	□1）能判断电控助力转向系统警告灯状态 □2）能判断转向盘自由行程		10	有 1 项未完成扣 3 分	□熟练 □不熟练	□熟练 □不熟练	□合格 □不合格

续上表

序号	评分项	得分条件	分值(分)	评分要求	自评	互评	师评
6	表单填写能力	□1)字迹清晰 □2)语句通顺 □3)无错别字 □4)无涂改 □5)无抄袭	5	有1项未完成扣1分	□熟练 □不熟练	□熟练 □不熟练	□合格 □不合格
总分:							

学习活动2 电源电压低、电源电压正极断路故障诊断与排除

一 资讯

情境描述 >>>

　　一辆大众 ID.4 新能源汽车进厂维修,车主反映汽车电动助力转向系统警告灯亮,经维修技师对车辆进行初步检查,用专用解码仪读取该车辆故障码,显示为电动助力转向系统电源电压低或电源电压正极断路。

　　学生根据故障码指示,通过查阅维修手册,结合故障分析,编制电源电压低、电源电压正极断路故障诊断与排除实施方案,包括诊断步骤、人员安排、工具准备、注意事项等。学生可选择以独立或小组合作的方式,依据故障诊断与排除实施方案和作业流程,参照维修手册,准备工具、仪器设备、耗材物料,使用诊断设备和工具,对该车辆电动助力转向系统电源电压低、电源电压正极断路故障等实施数据检测、故障部位查找、故障点修复等作业;自检合格后,填写任务工单并进行质量检验。同时,学生应在教师指导下总结任务实施过程,撰写技术总结。在工作过程中,学生应牢固树立成本意识,严格遵守现场工作管理规范。

任务要求 >>>

　　请你根据情境描述,在规定的时间内,分别完成电动助力转向系统电源电压低或电源电压正极断路故障诊断与排除方案的编制和实施:

（1）请查阅该车型的维修手册,查看汽车电动助力转向系统电源电路图,列出可能存在的故障原因,并说明理由;

（2）根据初步检查后确认的故障现象,查阅维修手册等资料,制定一份尽可能详细的电动助力转向系统电源电压低或电源电压正极断路故障诊断与排除方案,并全面而细致地说明采取此方案的理由;

（3）请列出电动助力转向系统电源电压低或电源电压正极断路故障诊断与排除过程中需要注意的事项。

任务分组 »»

全班学生分成若干个学习小组,每小组 4~6 人。

班组长:任务布置,组员分工。

服务顾问:接待问诊,基本检查,故障现象确认。

配件管理员:耗材准备。

工具管理员:工具设备准备,维修资料查阅。

维修技师:维修操作。

车间主管:维修质量检验。

二 计划

知识链接 »»»

1. 电控助力转向系统电子控制单元电源电路组成。

2. 大众 ID.4 新能源汽车电控助力转向系统电子控制单元电源电路组成。

3. 大众 ID.4 新能源汽车电控助力转向系统电子控制单元电源电路工作原理。

第一路:通过 SC3 供电。此路的完整供电为 J329 接线端 15 供电继电器闭合,15 正电通过继电器的常开触点由 J519 车载电网控制单元端子 T2cq/2 供出到熔丝支架 C 中的 SC3 5A 熔丝,再经 SC3 5A 熔丝通过 6 芯黑色插头的 1 端子（T6e/1）供电到 J500 助力转向控制单元的 T5s/4 端子,为其提供 15 正电供电。

第二路:通过 SA2 供电。此路完整供电为蓄电池正极 30 常电通过 SA2 80A 熔丝供电到 J500 助力转向控制单元的 T2fn/2 端子,为其提供 30 常电供电。

任务确认 »»»

连接故障诊断仪 VW VAS 6150E,按下一键启动开关,打开故障诊断仪,进入数据总线诊断接口,读取并记录相关故障码与数据流。车辆下电后清除故障码,车辆再次上电后,使用故障诊断仪再次读取故障码并和之前的故障码进行对比,分析故障码的性质。

故障码	故障含义
数据流	数据流相应参数

三 决策

（1）查阅维修手册或维修资料，并在下方框图中画出大众 ID.4 新能源汽车电控助力转向系统的电源电路图。

（2）根据电路图，简述大众 ID.4 新能源汽车电控助力转向系统电源电路的工作原理。

（3）查阅维修手册，写出大众 ID.4 新能源汽车电控助力转向系统电源电路故障码含义及诊断步骤。

DTC NO	故障类型	故障分析	故障排除流程
C1B0D00	电源电压高	EPS 供电异常、EPS 电子控制单元内部故障	（1）测试 EPS 电源电压是否异常（＞16V）。是：检查供电系统。否：执行流程（2）
			（2）EPS 电子控制单元故障，更换转向器总成

续上表

DTC NO	故障类型	故障分析	故障排除流程
C1B0E00	电源电压低	EPS 供电异常、电源线束连接异常、EPS 电子控制单元内部故障	（1）测试 EPS 电源电压是否异常（＜9V）。是：检查供电系统。否：执行流程（2）
			（2）检查 EPS 与蓄电池之间的搭铁片，端子是否未连接到位。是：修复。否：执行流程（3）
			（3）EPS 电子控制单元故障，更换转向器总成
C1B0F00	电源正极断路	EPS 电源线束连接异常、EPS 电源保险烧坏、EPS 电子控制单元故障	（1）检查 EPS 与蓄电池之间的搭铁片、线束是否连接异常。是：修复。否：执行流程（2）
			（2）检查 EPS 保险是否烧坏。是：更换保险。否：执行流程（3）
			（3）EPS 电子控制单元故障，更换转向器总成

（4）根据电路图分析大众 ID.4 新能源汽车电源电压低或电源电压正极断路的故障原因，与组员讨论并完成下面的故障分析图（鱼骨图）。

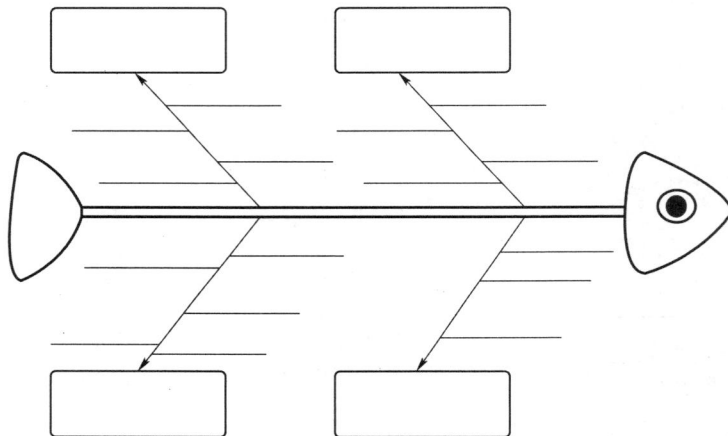

（5）通过查阅车辆维修手册，结合故障分析，编制大众 ID.4 新能源汽车电源电压低或电源电压正极断路故障诊断与排除实施方案。

诊断步骤 >>>

步骤 1：

步骤 2：

步骤 3：

步骤 4：

步骤 5：

步骤 6：

步骤 7：

步骤 8：

步骤 9：

步骤 10：

步骤 11：

步骤 12：

人员安排 》》》

请小组商量后，确定组员的角色及分工。

组员	角色及分工

工具准备 》》》

请根据相应的故障诊断需求，列出所需的工具设备清单。

序号	工具设备名称	作用

注意事项 》》》

请根据操作条件及故障诊断的需求，列出操作时的注意事项。

序号	注意事项
1	
2	
3	
4	
5	

四 实施

大众 ID.4 新能源汽车电控助力转向系统电源电压低或电源电压正极断路故障检查步骤如下表所示。

步骤	诊断动作	图示	标准值	是	否
1	检查整车电压是否正常	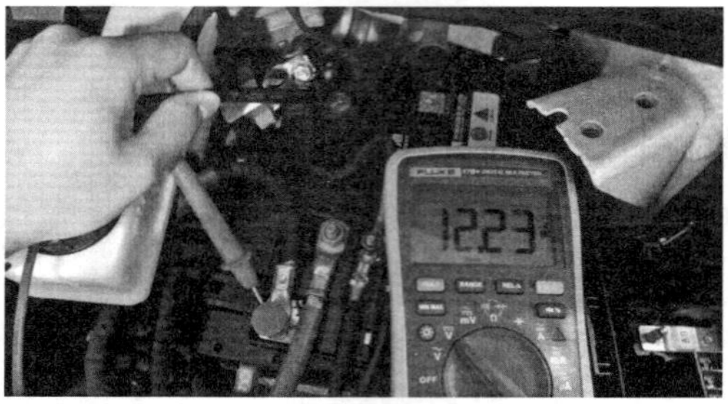	电压是否为 10～16V	至步骤3	进行下一步
2	修复整车电压问题		是否完成	至步骤8	
3	检查 T17aa/14 电压是否为 10～16V，T17aa/16 是否和地良好导通		是否正常	至步骤7	进行下一步

续上表

步骤	诊断动作	图示	标准值	是	否
3	检查T17aa/14电压是否为10~16V，T17aa/16是否和地良好导通	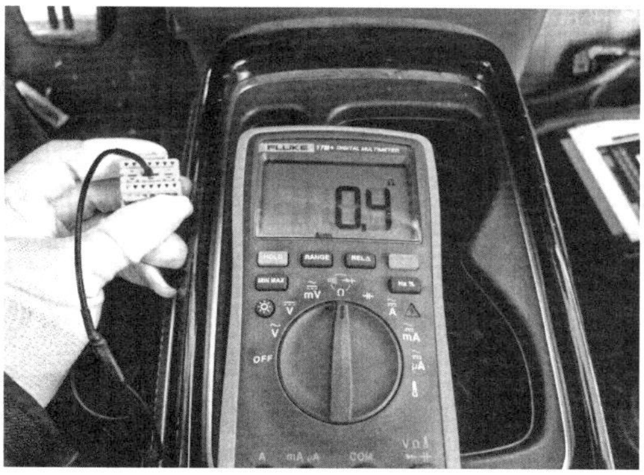	是否正常	至步骤7	进行下一步
4	保险SC-45是否正常且保险安装螺钉是否拧紧	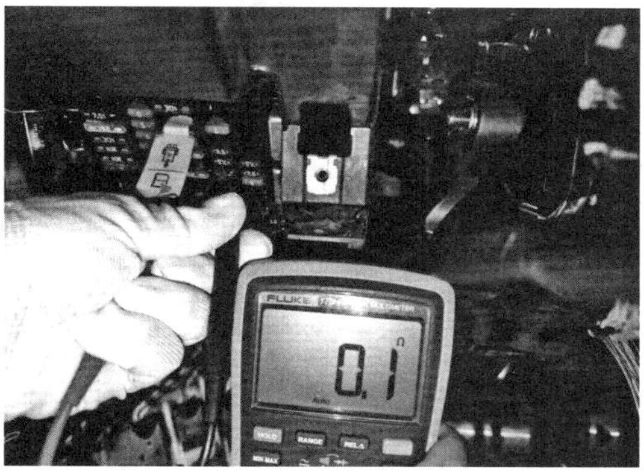	是否导通	至步骤6	进行下一步
5	更换SC-45保险，拧紧螺钉	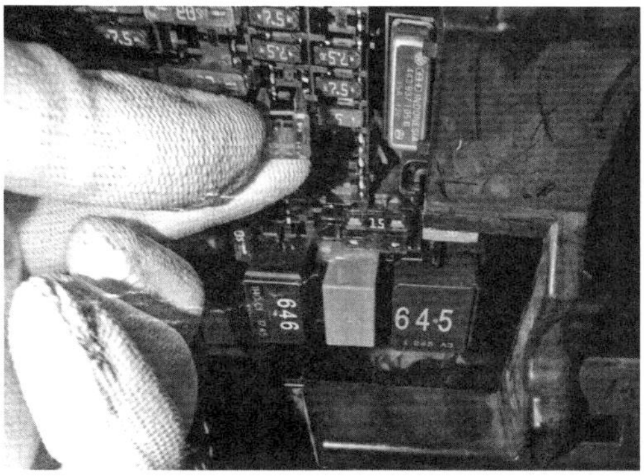	是否完成	至步骤8	

续上表

步骤	诊断动作	图示	标准值	是	否
6	检查 EPS 电源线束是否存在其他短路或开路	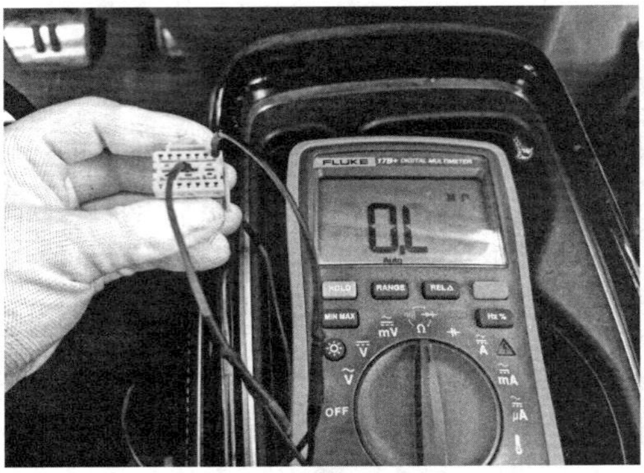	是否正常	检修电源系统	进行下一步
7	更换转向器总成	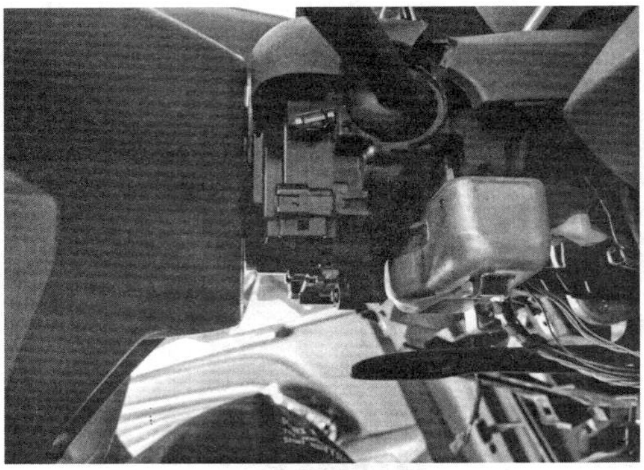	是否完成	进行下一步	
8	使用故障诊断仪清理诊断故障码	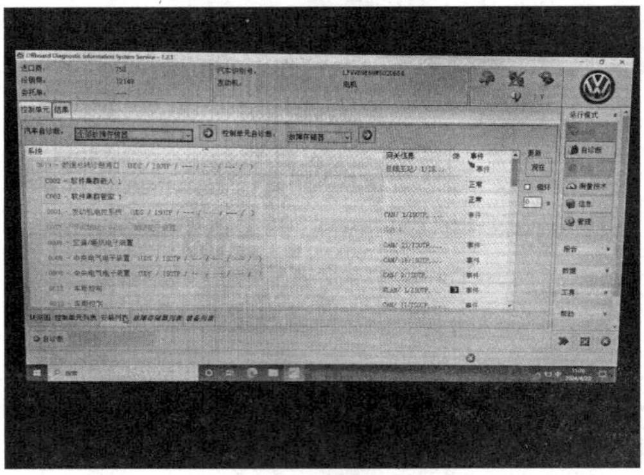	故障码是否依然存在	至步骤1	故障排除

五、检查

用故障诊断仪 VW VAS 6150E 读取故障码,根据诊断仪读出故障类型。

(1)关闭点火开关。

（2）将故障诊断仪连接到汽车故障诊断接口（U31）。

（3）按照故障诊断仪上的提示读出故障码（DTC）。

（4）清除故障码。

（5）再次读取故障码（是否依然存在故障码，在相应的横线上打√）。

是_____ 否_____

（6）验证电控助力转向系统是否正常工作。

（7）整理，恢复作业场地。

六 ⚡ 评估

📋 活动总结 》》》

请根据维修过程撰写大众 ID.4 新能源汽车电动助力转向系统电源电压低、电源电压正极断路故障诊断与排除技术总结。

_____技术总结
1. 故障现象
2. 故障原因
3. 故障诊断与排除过程
4. 经验和不足

活动评价 》》》

根据下表进行自评、互评、教师评价。

大众 ID.4 新能源汽车电控助力转向系统电源电压低、电源电压正极断路故障诊断与排除			实习日期:	
姓名:	班级:		学号:	教师签名:
自评:□熟练 □不熟练	互评:□熟练 □不熟练		师评:□合格　□不合格	
日期:	日期:		日期:	

【评分细则】							
序号	评分项	得分条件	分值(分)	评分要求	自评	互评	师评
1	安全/8S/态度	□1)能进行工位 8S 操作 □2)能进行设备和工具安全检查 □3)能进行车辆安全防护操作 □4)能进行工具清洁、校准、存放操作 □5)能进行"三不落地"操作	15	有 1 项未完成扣 3 分	□熟练 □不熟练	□熟练 □不熟练	□合格 □不合格
2	专业技术能力	□1)能正确读取故障码 □2)能正确读取数据流 □3)能正确检查计算机电源电路 □4)能正确检查计算机搭铁电路 □5)能正确判断故障点部位	50	有 1 项未完成扣 10 分	□熟练 □不熟练	□熟练 □不熟练	□合格 □不合格
3	工具及设备的使用能力	□能正确使用维修工具	10	未完成扣 10 分	□熟练 □不熟练	□熟练 □不熟练	□合格 □不合格
4	资料、信息查询能力	□1)能正确使用维修手册查询资料 □2)能正确记录所需维修信息	10	有 1 项未完成扣 3 分	□熟练 □不熟练	□熟练 □不熟练	□合格 □不合格
5	数据判断和分析能力	□1)能判断灯泡灯丝的好坏 □2)能判断熔断器的好坏	10	有 1 项未完成扣 3 分	□熟练 □不熟练	□熟练 □不熟练	□合格 □不合格

续上表

序号	评分项	得分条件	分值（分）	评分要求	自评	互评	师评
6	表单填写能力	□1）字迹清晰 □2）语句通顺 □3）无错别字 □4）无涂改 □5）无抄袭	5	有 1 项未完成扣 1 分	□熟练 □不熟练	□熟练 □不熟练	□合格 □不合格
总分：							

学习活动 3 转矩、转角传感器信号故障诊断与排除

一 资讯

情境描述 》》》

一辆大众 ID.4 新能源汽车进厂维修,车主反映汽车电控助力转向系统警告灯亮,经维修技师对车辆进行初步检查,用专用解码仪读取该车辆故障码,显示为转矩、转角传感器信号故障。

学生根据故障码指示,通过查阅维修手册,结合故障分析,编制转矩、转角传感器故障诊断与排除实施方案,包括诊断步骤、人员安排、工具准备、注意事项等。学生可选择以独立或小组合作的方式,依据故障诊断与排除实施方案和作业流程,参照维修手册,准备工具、仪器设备、耗材物料,使用诊断设备和工具,对该车辆电控助力转向系统转矩、转角传感器等实施数据检测、故障部位查找、故障点修复等作业;自检合格后,填写任务工单并进行质量检验。同时,学生应在教师指导下总结任务实施过程,撰写技术总结。在工作过程中,学生应牢固树立成本意识,严格遵守现场工作管理规范。

任务要求 》》》

请你根据情境描述,在规定的时间内,分别完成大众 ID.4 新能源汽车电控助力转向系统转矩、转角传感器故障诊断与排除方案的编制和实施:

(1)请查阅该车型的维修手册,查看汽车电控助力转向系统转矩、转角传感器电路图,列出可能存在的故障原因,并说明理由;

（2）根据初步检查后确认的故障现象,查阅维修手册等资料,制定一份尽可能详细的电控助力转向系统转矩、转角传感器故障诊断与排除方案,并全面而细致地说明采取此方案的理由;

（3）请列出在电控助力转向系统转矩、转角传感器故障诊断与排除过程中需要注意的事项。

任务分组 >>>

全班学生分成若干个学习小组,每小组 4～6 人。

班组长:任务布置,组员分工。

服务顾问:接待问诊,基本检查,故障现象确认。

配件管理员:耗材准备。

工具管理员:工具设备准备,维修资料查阅。

维修技师:维修操作。

车间主管:维修质量检验。

二 计划

知识链接 >>>

1. 转矩、转角传感器的安装位置

2. 转矩传感器的分类

（1）磁电式转矩传感器。

在输出轴极靴上分别绕有 A、B、C、D 四个线圈,转向盘处于中间位置（直线行驶）时,扭杆的纵向对称面正好处于输出轴极靴 AC、BD 的对称面上,如图 2-16 所示。当在 U、T 两端加上连续的输入脉冲电压信号 U_i 时,由于通过每个极靴的磁通量相等,所以在 V、W 两端检测到的输出电压信号 $U_o=0$。转向时,由于扭杆和输出轴极靴之间发生相对扭转变形,极靴 A、D 之间的磁阻增大,B、C 之间的磁阻减小,各个极靴的磁通量发生变化,于是在 V、W 之间出现了电位差。其电位差与扭杆的扭转角和输入电压 U_i 成正比。所以通过测量 V、W 两端的电位差就可以测量扭杆的扭转角,也就可以计算出转向盘施加的转矩。

（2）磁阻式转矩传感器。

磁阻式转矩传感器输入轴上装有多极磁环,输出轴上装有磁阻元件（Magnetorheological Elastomer, MRE）,两者通过扭力杆弹性连接,允许有一定的相对角位移。转向时扭力杆变形,多极磁环旋转,引起磁通的变化,进而使磁阻元件的阻值发生变化,从而导致输出电压发生变化。该电压变化是转向助力的度量值,此信号输出给 ECU,如图 2-17 所示。

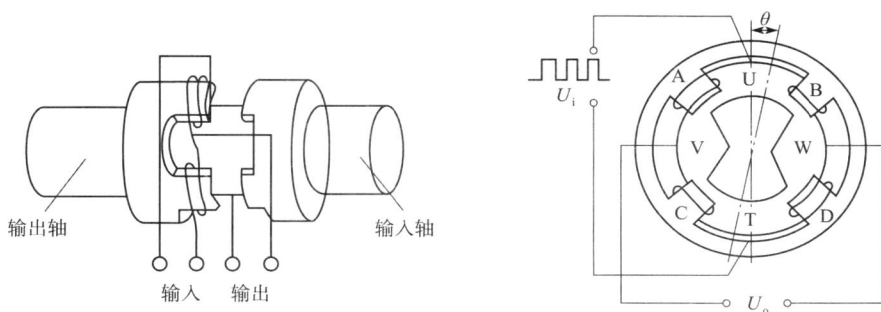

图 2-16　磁电式转矩传感器

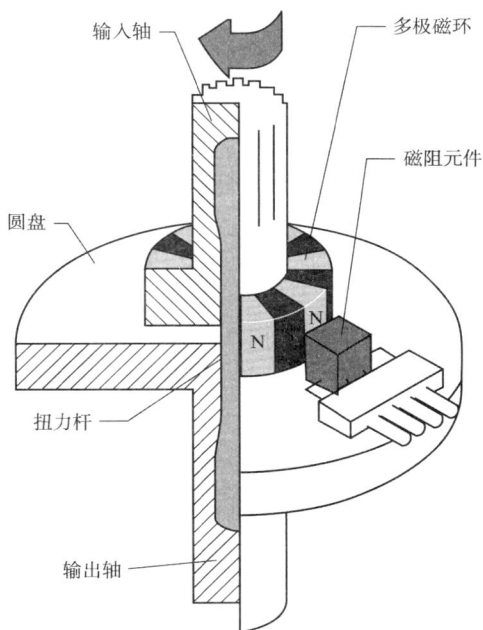

图 2-17　磁阻式转矩传感器

3.转角传感器的分类

常用的转角传感器有光电式、磁阻式和 Halle(霍尔)式。

(1)光电式转角传感器。

以大众车系为例,该传感器安装在转向柱锁开关和转向盘之间的转向柱上,安全气囊的带滑环的回位环集成在该传感器内且位于该传感器下方,如图 2-18 所示。其作用是将转向盘的转角信息传递给 ESP-ECU 电子控制单元。角度变化范围为 ±720°,也就是转向盘转四圈。

该传感器通过光栅原理测量角度,基本构件有光源(a)、编码盘(b)、光学传感器(c 和 d)、计数器(e),用于传递转动的圈数,如图 2-19 所示。编码盘由两个环构成,一个是绝对环,一个是增量环,每个环由两个传感器进行扫描。

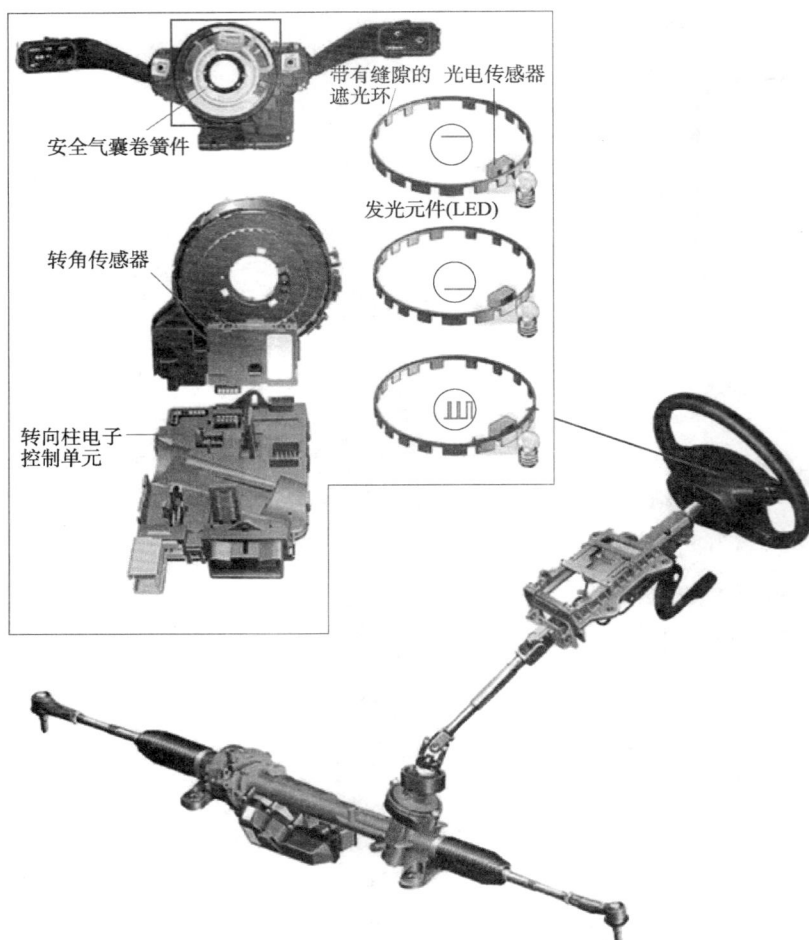

带有缝隙的
遮光环

光电传感器

安全气囊卷簧件

发光元件(LED)

转角传感器

转向柱电子
控制单元

图 2-18　光电式转角传感器

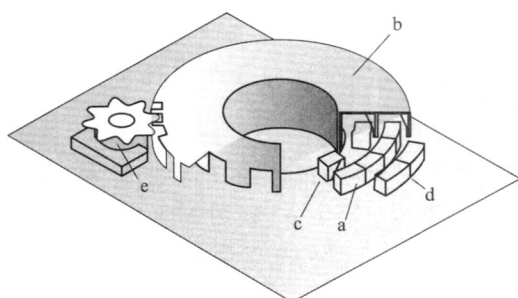

图 2-19　光电式转角传感器组成

为简化结构,将两个带孔的蔽光框单独展示,如图 2-20 所示,其中:1 是增量蔽光框,2 是绝对蔽光框。在两个蔽光框之间有光源(3),其外侧是光学传感器(4 和 5)。

如果光透过缝隙照到传感器上,就会产生一个电压信号;如果光源被遮住,这个电压信号就消失了。

如果移动蔽光框,就会产生两个不同的电压:增量传感器传送一个均匀的信号,这是因为间隙是均匀分布的;绝对传感器传送一个不均匀信号,这是因为间隙是不均匀分布的。对比这两个信号,就可计算出蔽光框移动的距离,确定部件运动的绝对起始点和转过的角度。

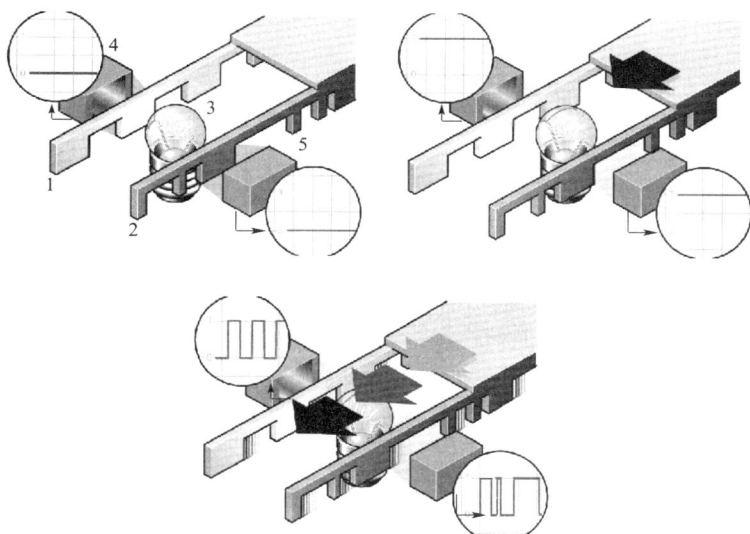

图 2-20　计算蔽光框移动距离

（2）LWS3 型磁阻式转角传感器。

通过测量 2 个齿轮的角度就可得到转向盘在 4 整圈的角度信号,如图 2-21 所示。2 个齿轮是由转向轴上的一个齿轮驱动,2 个齿轮相差 1 个齿。这样,根据 2 个齿轮的 1 对角度值就可确定转向盘每个可能的位置。

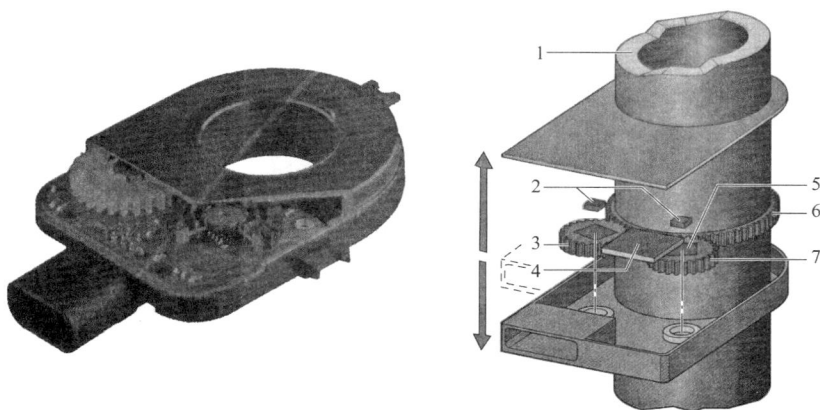

图 2-21　LWS3 型磁阻式转角传感器

1-转向轴;2-AMR 传感器;3-m 个齿的齿轮;4-信号处理电路;5-磁铁;6-n 个齿的齿轮,$n > m$;7-$m + 1$ 个齿的齿轮

（3）Halle 转角传感器。

Halle 转角传感器是一种转矩转角传感器（Torque and Angle Sensor,TAS）,既可以测转矩,也可以测转向盘转角,被广泛应用于 EPS 系统中。TAS 与扭杆组装在一起构成转矩传感器总成;转向盘转动时,扭杆与转矩传感器的上半部分和下半部分存在一

个相对偏转角,TAS 就是通过检测这个相对偏转角来测量转向盘力矩的,如图 2-22
所示。

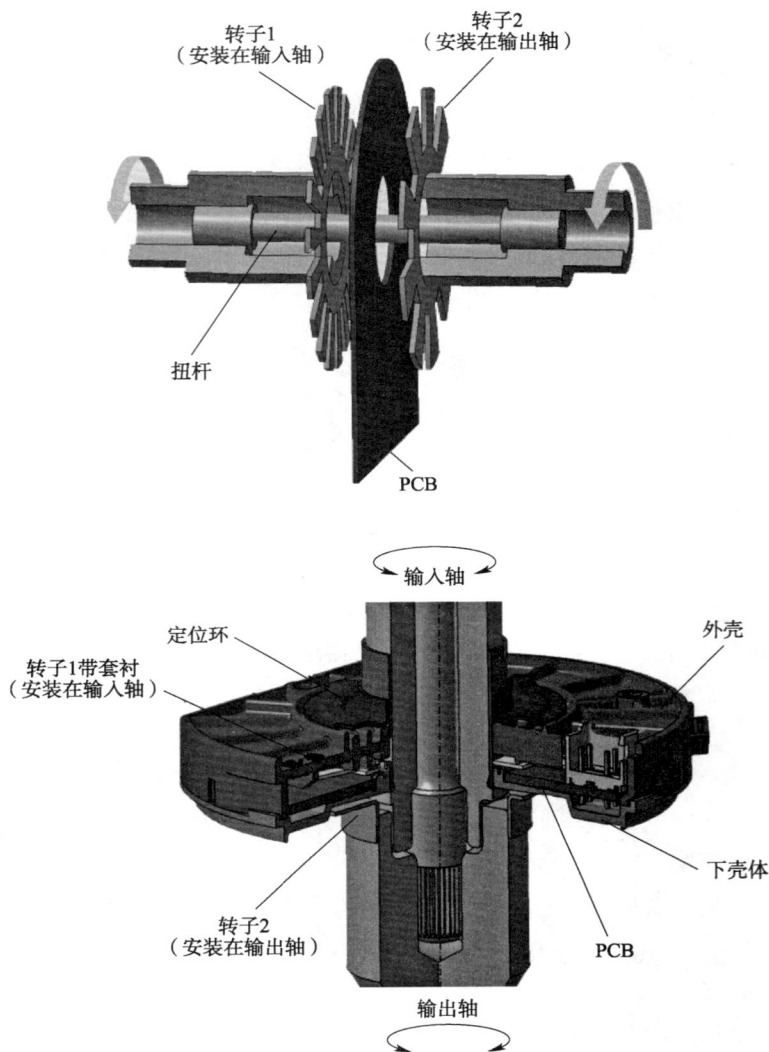

图 2-22　Halle 转角传感器

　　Halle 转角传感器是一种霍尔式非接触式转矩转角传感器,如果要利用霍尔效应
产生电动势,需要满足以下几个条件:①磁场(可以是永磁体生磁,也可以是电生磁);
②半导体薄片(霍尔元件);③半导体薄片上通过一个电流。其结果为:在半导体薄片
上与磁场和电流平面垂直的方向产生一个电势,该电势大小与磁场方向及电流大小有
关。该传感器最大的创新在于:完全抛弃永磁体,通过在印制电路板(Printed-circuit
Board,PCB)上的印制线路形成电感线圈,向线圈两端施加电压以后即在空中形成霍尔
效应所需要的磁场,如图 2-23 所示。

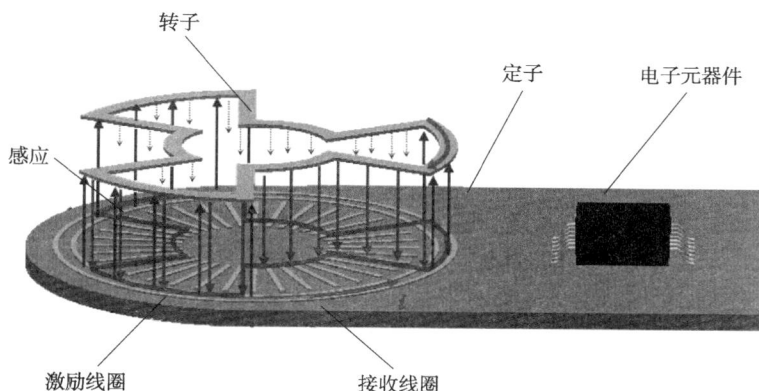

图 2-23　Halle 转角传感器工作原理

检测的机理为:两个转子分别检测40°信号(以40°为周期)和20°信号(以20°为周期),每一个转子实际上有三组相位互差120°的线圈,三组线圈同时接入感知芯片中,见图2-24。通过协议发送给 ECU 的信号是20°传感器和40°传感器所检测到的绝对转角信号,在 ECU 内部通过一定的算法将两个绝对转角信号做同步处理及冗余校验后相减才能得到相对转角信号,即扭杆偏转角。同时,Halle 转角传感器提供的传感器转矩信号还有 PWM 版本,即把同步处理和冗余校验的工作放在传感器内部完成,无须 ECU 来完成此项工作。

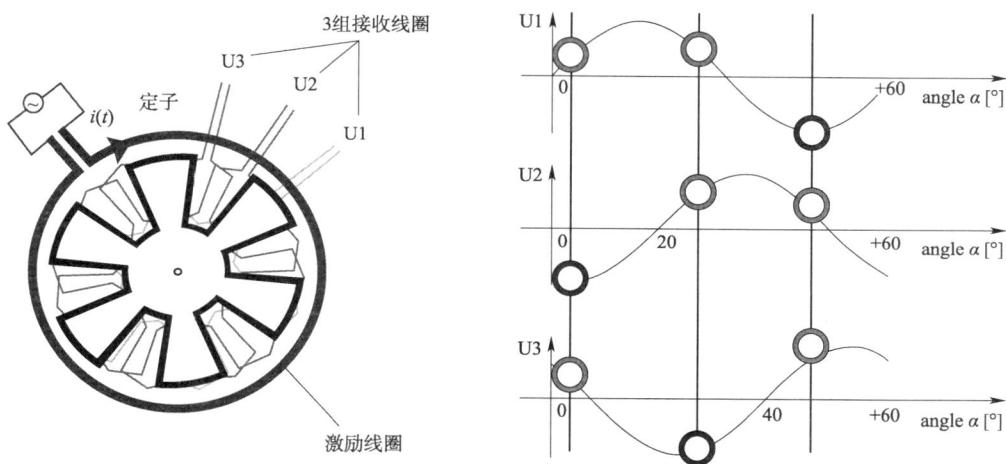

图 2-24　线圈和芯片结构

任务确认 >>>

查阅维修手册,绘制出大众 ID.4 新能源汽车电控助力转向系统电源电路图。

三 决策

(1)查阅维修手册或维修资料,并在下方框图中画出大众 ID.4 新能源汽车电控助力转向系统转矩、转角传感器的电路图。

(2)根据电路图,简述汽车电控助力转向系统转矩、转角传感器工作原理。

(3)查阅维修手册,写出汽车电控助力转向系统转矩、转角传感器信号故障码含义及诊断与排除步骤。

DTC NO	故障类型	故障分析	故障排除流程
C1B0400	转矩信号故障	转矩传感器故障、线束开路或短路、EPS电子控制单元内部故障	(1)检查接插件是否松动、脱落。是:重新固定好。否:执行流程(2)
			(2)检查线束是否开路或短路。是:修复线束。否:执行流程(3)
			(3)检查转矩传感器是否故障。是:更换转向器总成。否:执行流程(4)
			(4)EPS电子控制单元故障,更换转向器总成
C1B0900	转矩传感器未校准	没有进行转矩传感器出厂校准	(1)检查接插件是否松动、脱落。是:重新固定好。否:执行流程(2)
			(2)检查转矩信号是否已标定。是:执行流程(3)。否:用故障诊断仪标定
			(3)检查转矩传感器是否故障。是:更换转向器总成。否:执行流程(4)
			(4)EPS电子控制单元故障,更换转向器总成
C1B0A00	转角传感器未校准	没有进行转角信号标定	(1)检查接插件是否松动、脱落。是:重新固定好。否:执行流程(2)
			(2)检查转角信号是否已标定。是:执行流程(3)。否:用故障诊断仪标定
			(3)检查转角传感器是否故障。是:更换转向器总成。否:执行流程(4)
			(4)EPS电子控制单元故障,更换转向器总成
C1B0B00	转角信号故障	转角传感器故障、线束开路或短路、EPS电子控制单元内部故障	(1)检查接插件是否松动、脱落。是:重新固定好。否:执行流程(2)
			(2)检查线束是否开路或短路。是:修复线束。否:执行流程(3)
			(3)检查转矩传感器是否故障。是:更换转向器总成。否:执行流程(4)
			(4)EPS电子控制单元故障,更换转向器总成

(4)根据电路图分析大众ID.4新能源汽车电控助力转向系统转矩、转角传感器的故障原因,与组员讨论并完成下面的故障分析图(鱼骨图)。

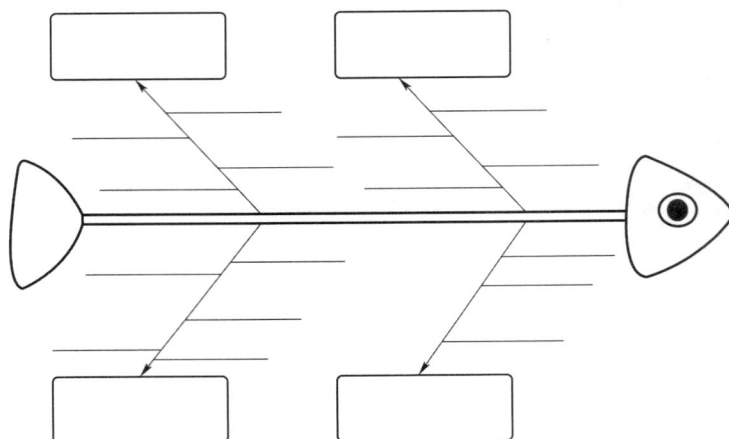

（5）通过查阅车辆维修手册，结合故障分析，编制大众 ID.4 新能源汽车电控助力转向系统转矩、转角传感器故障诊断与排除实施方案。

诊断步骤 ⟫⟫⟫

步骤 1：

步骤 2：

步骤 3：

步骤 4：

步骤 5：

步骤 6：

步骤 7：

步骤 8：

步骤 9：

步骤 10：

步骤 11：

步骤 12：

人员安排 ⟫⟫⟫

请小组商量后，确定组员的角色及分工。

组员	角色及分工

工具准备 》》》

请根据相应的故障诊断需求,列出所需的工具设备清单。

序号	工具设备名称	作用

注意事项 》》》

请根据操作条件及故障诊断的需求,列出操作时的注意事项。

序号	注意事项
1	
2	
3	
4	
5	

四 实施

大众 ID.4 新能源汽车电动助力转向系统转矩、转角传感器信号故障检查步骤如下表所示。

步骤	诊断动作	图示	标准值	是	否
1	检查转矩信号(黑色4Pin)接插件和EPS电子控制单元连接是否正常	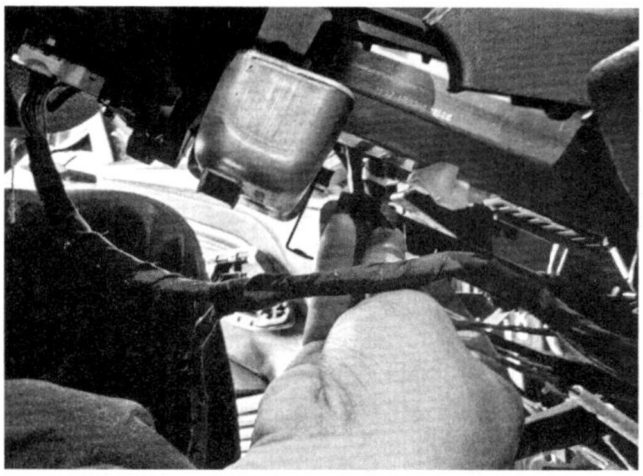	是否正常	至步骤3	进行下一步

续上表

步骤	诊断动作	图示	标准值	是	否
2	固定好接插件	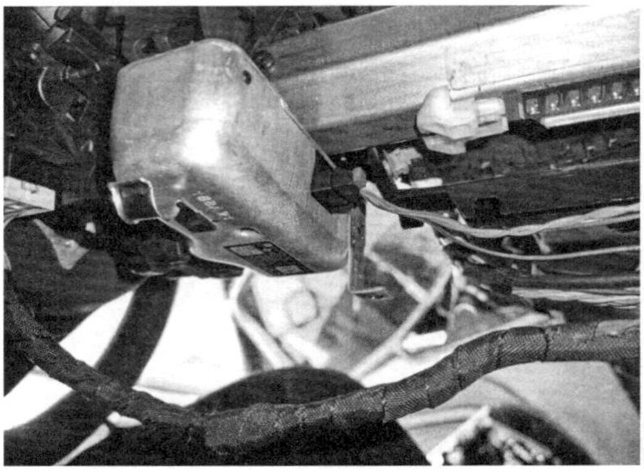	是否完成	至步骤9	
3	转矩传感器线束是否开路或短路	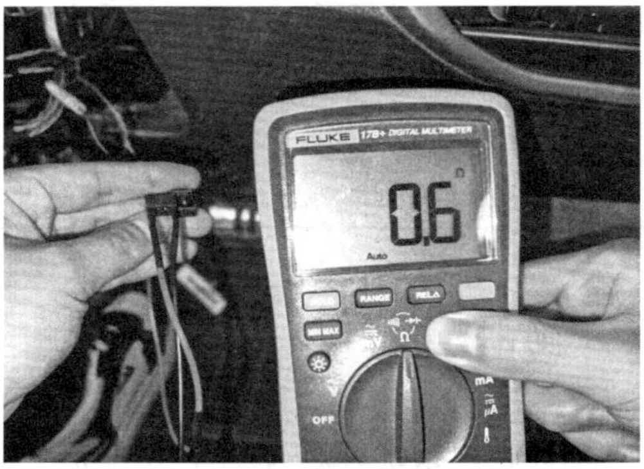	是否正常	至步骤5	进行下一步
4	修复线束故障	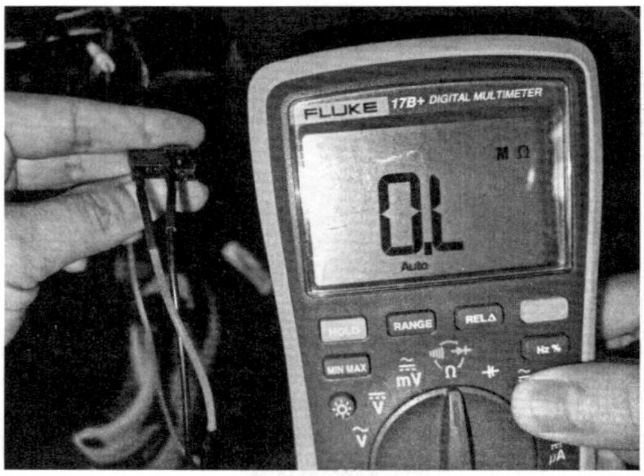	是否完成	至步骤6	

续上表

步骤	诊断动作	图示	标准值	是	否
5	更换转向器总成		是否正常	至步骤6	
6	使用故障诊断仪清理诊断故障码	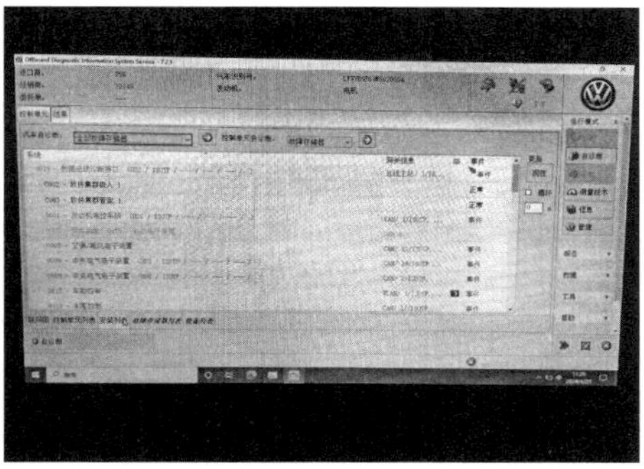	故障码是否依然存在	至步骤1	故障排除

五 ⚡ 检查

用手持式专用故障诊断仪(ED400)读取故障码,根据诊断仪读出故障类型。

(1)关闭点火开关。

(2)将故障诊断仪连接到汽车故障诊断接口(DLC3)。

(3)按照故障诊断仪上的提示读出故障码(DTC)。

(4)清除故障码。

(5)再次读取故障码(是否依然存在故障码,在相应的横线上打√)。

是_____否_____

六 ⚡ 评估

📋 **活动总结** 》》》

请根据维修过程撰写电动助力转向系统转矩、转角传感器信号故障诊断与排除技术总结。

_____技术总结
1.故障现象
2.故障原因
3.故障诊断与排除过程
4.经验和不足

活动评价 »»

根据下表进行自评、互评、教师评价。

大众 ID.4 新能源汽车电动助力转向系统转矩、转角传感器信号故障诊断与排除		实习日期:	
姓名:	班级:	学号:	教师签名:
自评:□熟练 □不熟练	互评:□熟练 □不熟练	师评:□合格 　　　□不合格	
日期:	日期:	日期:	

续上表

序号	评分项	得分条件	分值（分）	评分要求	自评	互评	师评
			【评分细则】				
1	安全/8S/态度	□1）能进行工位8S操作 □2）能进行设备和工具安全检查 □3）能进行车辆安全防护操作 □4）能进行工具清洁、校准、存放操作 □5）能进行"三不落地"操作	15	有1项未完成扣3分	□熟练 □不熟练	□熟练 □不熟练	□合格 □不合格
2	专业技术能力	□1）能正确读取故障码 □2）能正确读取数据流 □3）能正确检查计算机电源电路 □4）能正确检查计算机搭铁电路 □5）能正确判断故障点部位	50	有1项未完成扣5分	□熟练 □不熟练	□熟练 □不熟练	□合格 □不合格
3	工具及设备的使用能力	□能正确使用维修工具	10	有1项未完成扣3分	□熟练 □不熟练	□熟练 □不熟练	□合格 □不合格
4	资料、信息查询能力	□1）能正确使用维修手册查询资料 □2）能正确记录所需维修信息	10	有1项未完成扣3分	□熟练 □不熟练	□熟练 □不熟练	□合格 □不合格
5	数据判断和分析能力	□1）能判断灯泡灯丝的好坏 □2）能判断熔断器的好坏	10	有1项未完成扣3分	□熟练 □不熟练	□熟练 □不熟练	□合格 □不合格
6	表单填写能力	□1）字迹清晰 □2）语句通顺 □3）无错别字 □4）无涂改 □5）无抄袭	5	有1项未完成扣1分	□熟练 □不熟练	□熟练 □不熟练	□合格 □不合格

总分：

学习活动4　电控助力转向系统通信故障诊断与排除

一　资讯

情境描述 》》》

一辆大众 ID.4 新能源汽车进厂维修,车主反映汽车电控助力转向系统警告灯亮,经维修技师对车辆进行初步检查,用专用解码仪读取该车辆故障码,显示为电控助力转向系统通信故障。

学生根据故障码指示,通过查阅车辆维修手册,结合故障分析,编制电控助力转向系统通信故障诊断与排除实施方案,包括诊断步骤、人员安排、工具准备、注意事项等。学生可选择以独立或小组合作的方式,依据故障诊断与排除实施方案和作业流程,参照维修手册,准备工具、仪器设备、耗材物料,使用诊断设备和工具,对该电控助力转向系统实施数据检测、故障部位查找、故障点修复等作业;自检合格后,填写任务工单并进行质量检验。同时,学生应在教师指导下总结任务实施过程,撰写技术总结。在工作过程中,学生应牢固树立成本意识,严格遵守现场工作管理规范。

任务要求 》》》

请你根据情境描述,在规定的时间内,分别完成电控助力转向系统通信故障诊断与排除方案的编制和实施:

(1)请查阅该车型的维修手册,查看电控助力转向系统通信电路图,列出可能存在的故障原因,并说明理由;

(2)根据初步检查后确认的故障现象,查阅维修手册等资料,制定一份尽可能详细的电控助力转向系统通信故障诊断与排除方案,并全面而细致地说明采取此方案的理由;

(3)请列出在电控助力转向系统通信故障诊断与排除过程中需要注意的事项。

任务分组 》》》

全班学生分成若干个学习小组,每小组 4~6 人。

班组长:任务布置,组员分工。

服务顾问:接待问诊,基本检查,故障现象确认。

配件管理员:耗材准备。

工具管理员:工具设备准备,维修资料查阅。

维修技师:维修操作。

车间主管:维修质量检验。

二 计划

知识链接 ≫≫≫

1.大众 ID.4 新能源汽车电控助力转向系统使用的总线是_____。

2.大众 ID.4 新能源汽车 CAN 总线网络认知

大众 ID.4 新能源汽车 CAN 总线网络架构主要包括 7 个网络,如图 2-25 所示。

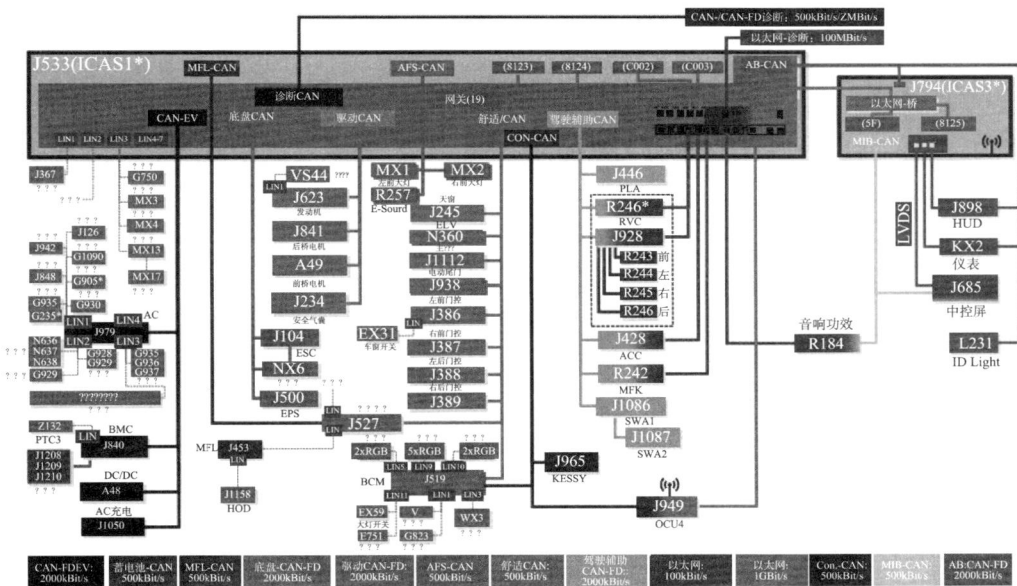

图 2-25 大众 ID.4 新能源汽车控制单元网络

（1）动力网。动力网包含的控制模块有电机控制器（Motor Control Unit,MCU）、换挡机构、组合仪表、VCU、充配电总成［DC-DC 转换器、车载充电机（On Board Charger, OBC）］、诊断座（Date Link Connector,DLC）、4G 模块、车身控制器（Body Control Module,BCM）。传输速率为 250kbit/s,其终端电阻（120Ω）分别在网关和电池管理器模块中。

（2）ESC 网。ESC 网包含的控制模块有 EPB、ABS、齿轮式转向助力 R-EPB、转向盘转角传感器、DLC、4G 模块。传输速率为 500kbit/s,其终端电阻分别在网关和 ABS

模块中。

（3）舒适网。舒适网包含的控制模块有组合开关、空调面板、多媒体、安全气囊SRS、引擎音模拟器、多功能屏、玻璃升降开关、倒车雷达、外部胎压监测、空调控制器、DLC、4G模块、BCM。传输速率为125kbit/s，其终端电阻分别在网关和BCM模块中。

（4）电池子网。电池子网包含的控制模块有电池管理器、11个电池信息采集器。传输速率为125kbit/s，其终端电阻分别在电池管理器和11个采集器模块中。

（5）充电网。充电网包含的控制模块有电池管理器、直流充电口。传输速率为125kbit/s，其终端电阻分别在电池管理器模块中。

（6）启动子网。启动子网包含的控制模块有BCM、智能钥匙I-KEY、转向轴锁ECL。传输速率为125kbit/s，其终端电阻分别在BMC和智能钥匙I-KEY模块中。

（7）空调子网。空调子网包含的控制模块有空调控制器、压缩机、空调加热模块PTC。传输速率为125kbit/s，其终端电阻分别在网关和压缩机模块中。

三 决策

（1）查阅维修手册或维修资料，并在下方框图中画出大众ID.4新能源汽车电控助力转向系统的通信电路图。

（2）根据电路图，简述汽车电控助力转向系统通信电路工作原理。

（3）根据电路图分析大众 ID.4 新能源汽车电控助力转向系统通信故障产生原因，讨论并完成下面的故障分析图（鱼骨图）。

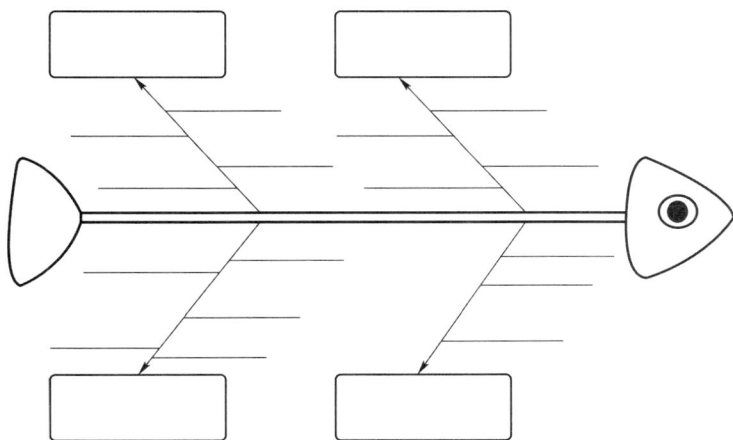

（4）通过查阅车辆维修手册，写出大众 ID.4 新能源汽车电控助力转向系统通信故障码的含义及诊断与排除步骤。

DTC NO	故障类型	故障分析	故障排除流程
U029D00	与 ESP 失去通信	CAN 通信系统，ESP 系统，EPS 电子控制单元	（1）检查 CAN 网络通信是否正常。是：执行流程（2）。否：修理 CAN 网络
			（2）检查动力网中车速信号报文（ID：121）是否不存在。是：检查 ESP 系统。否：执行流程（3）
			（3）EPS 电子控制单元故障，更换转向器总成
U011000	与电机控制器失去通信	CAN 通信系统，电机控制器，EPS 电子控制单元	（1）检查 CAN 网络通信是否正常。是：执行流程（2）。否：修理 CAN 网络
			（2）检查动力网中电机控制器报文（ID：341）是否不存在。是：检查电机控制器。否：执行流程（3）
			（3）EPS 电子控制单元故障，更换转向器总成

（5）通过查阅车辆维修手册，结合故障分析，编制大众 ID.4 新能源汽车电控助力转向系统通信故障诊断与排除实施方案。

诊断步骤 >>>

步骤 1：

步骤 2：

步骤 3：

步骤 4：

步骤 5：

步骤 6：

步骤 7：

步骤 8：

步骤 9：

步骤 10：

步骤 11：

步骤 12：

人员安排 》》》

请小组商量后，确定组员的角色及分工。

组员	角色及分工

工具准备 》》》

请根据相应的故障诊断需求，列出所需的工具设备清单。

序号	工具设备名称	作用

注意事项 》》》

请根据操作条件及故障诊断的需求，列出操作时的注意事项。

序号	注意事项
1	
2	
3	
4	
5	

四 ⚡ 实施

大众 ID.4 新能源汽车电控助力转向系统 CAN 总线故障检查步骤如下表所示。

步骤	诊断动作	图示	标准值	是	否
1	系统自诊断		是否完成	进行下一步	至步骤10
2	（1）蓄电池负荷测试。（2）充电系统负荷测试	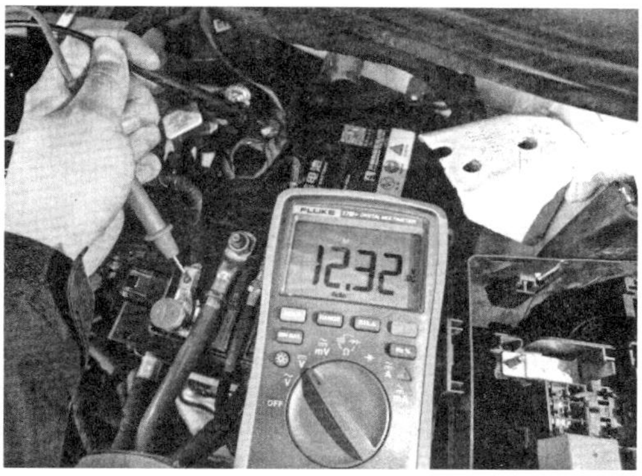	电压是否为 10~16V	进行下一步	修复蓄电池故障

步骤	诊断动作	图示	标准值	是	否
3	（1）退电至 OFF。 （2）断开 EPS 电子控制单元上的线束连接器		是否正常	进行下一步	至步骤 4
4	CAN 线线束检查：拔下接插件 T17aa，检测线束端 T17aa/8、T17aa/2 端电压： （1）T17aa/8 与车身地电压是否始终为 2.5～3.5V （2）T17aa/2 与车身地电压是否始终为 1.5～2.5V	 	电压是否正常	进行下一步	至步骤 6

续上表

步骤	诊断动作	图示	标准值	是	否
5	更换线束	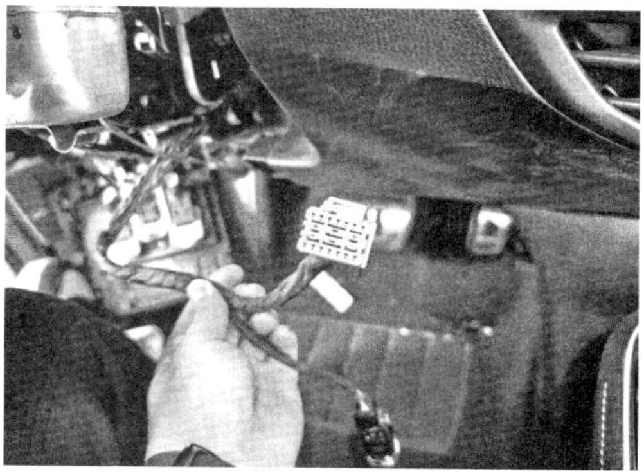	是否正常	进行下一步	更换模块
6	使用故障诊断仪清理诊断故障码	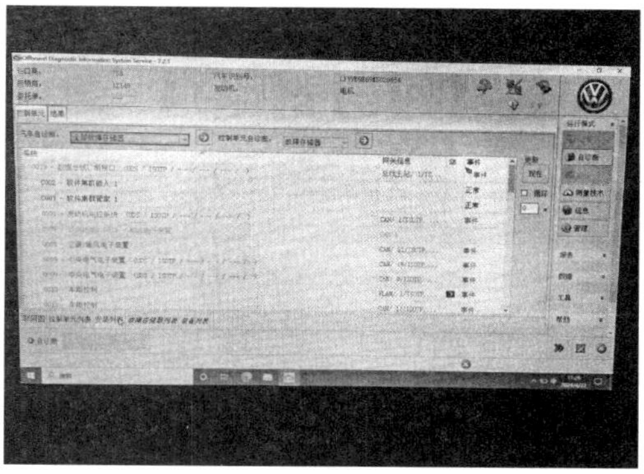	故障码是否依然存在	至步骤1	故障排除

五 检查

用手持式专用故障诊断仪(ED400)读取故障码,根据诊断仪读出故障类型。

(1)关闭点火开关。

(2)将故障诊断仪连接到汽车故障诊断接口(DLC3)。

(3)按照诊断仪上的提示读出故障码(DTC)。

(4)清除故障码。

(5)再次读取故障码(是否依然存在故障码,在相应的横线上打√)。

是_____否_____

六 评估

活动总结 》》》

请根据维修过程撰写大众 ID.4 新能源汽车电控助力转向系统通信故障诊断与排除技术总结。

_____技术总结

1. 故障现象

2. 故障原因

3. 故障诊断与排除过程

4. 经验和不足

📖 **活动评价** 》》》

根据下表进行自评、互评、教师评价。

大众 ID.4 新能源汽车电控助力转向系统通信故障诊断与排除		实习日期:	
姓名:	班级:	学号:	教师签名:
自评:□熟练 □不熟练	互评:□熟练 □不熟练	师评:□合格 □不合格	
日期:	日期:	日期:	

【评分细则】							
序号	评分项	得分条件	分值（分）	评分要求	自评	互评	师评
1	安全/8S/态度	□1）能进行工位 8S 操作 □2）能进行设备和工具安全检查 □3）能进行车辆安全防护操作 □4）能进行工具清洁、校准、存放操作 □5）能进行"三不落地"操作	15	有 1 项未完成扣 3 分	□熟练 □不熟练	□熟练 □不熟练	□合格 □不合格
2	专业技术能力	□1）能正确读取故障码 □2）能正确读取数据流 □3）能正确检查计算机电源电路 □4）能正确检查计算机搭铁电路 □5）能正确判断故障点部位	50	有 1 项未完成扣 5 分	□熟练 □不熟练	□熟练 □不熟练	□合格 □不合格
3	工具及设备的使用能力	□能正确使用维修工具	10	未完成扣 10 分	□熟练 □不熟练	□熟练 □不熟练	□合格 □不合格
4	资料、信息查询能力	□1）能正确使用维修手册查询资料 □2）能正确记录所需维修信息	10	有 1 项未完成扣 3 分	□熟练 □不熟练	□熟练 □不熟练	□合格 □不合格

续上表

序号	评分项	得分条件	分值（分）	评分要求	自评	互评	师评
5	数据判断和分析能力	□1）能判断灯泡灯丝的好坏 □2）能判断熔断器的好坏	10	有1项未完成扣3分	□熟练 □不熟练	□熟练 □不熟练	□合格 □不合格
6	表单填写能力	□1）字迹清晰 □2）语句通顺 □3）无错别字 □4）无涂改 □5）无抄袭	5	有1项未完成扣1分	□熟练 □不熟练	□熟练 □不熟练	□合格 □不合格
总分：							

学习活动 5　电动助力转向器总成故障诊断与排除

一　资讯

情境描述 》》》

　　一辆大众 ID.4 新能源汽车进厂维修，车主反映汽车电控助力转向系统警告灯亮，经维修技师对车辆进行初步检查，用专用解码仪读取该车辆故障码，显示为电控助力转向系统助力电机总成故障。

　　学生根据故障码指示，通过查阅车辆维修手册，结合故障分析，编制电控助力转向系统电机总成故障诊断与排除实施方案，包括诊断步骤、人员安排、工具准备、注意事项等。学生可选择以独立或小组合作的方式，依据故障诊断与排除实施方案和作业流程，参照维修手册，准备工具、仪器设备、耗材物料，使用诊断设备和工具，对该电控助力转向系统电机总成实施数据检测、故障部位查找、故障点修复等作业；自检合格后，填写任务工单并进行质量检验。同时，学生应在教师指导下总结任务实施过程，撰写技术总结。在工作过程中，学生应牢固树立成本意识，严格遵守现场工作管理规范。

任务要求 》》》

请你根据情境描述,在规定的时间内,分别完成电控助力转向系统电机总成故障诊断与排除方案的编制和实施:

(1)请查阅该车型的维修手册,查看电控助力转向系统电机总成控制电路图,列出可能存在的故障原因,并说明理由;

(2)根据初步检查后确认的故障现象,查阅维修手册等资料,制定一份尽可能详细的电控助力转向系统电机总成故障诊断与排除方案,并全面而细致地说明采取此方案的理由;

(3)请列出在电控助力转向系统电机总成故障诊断与排除过程中需要注意的事项。

任务分组 》》》

全班学生分成若干个学习小组,每小组 4~6 人。

班组长:任务布置,组员分工。

服务顾问:接待问诊,基本检查,故障现象确认。

配件管理员:耗材准备。

工具管理员:工具设备准备,维修资料查阅。

维修技师:维修操作。

车间主管:维修质量检验。

二 计划

知识链接 》》》

1. 电动助力转向器带横拉杆总成

电动助力转向器带横拉杆总成的结构如图 2-26 所示。

2. 转向助力电机总成

EPS 的动力源是电动机,其功能是根据 ECU 的指令产生相应的输出转矩,如图 2-27 所示。电动机是影响 EPS 性能的主要因素之一,通常采用永磁直流电动机或永磁无刷直流电动机。这些电动机需满足低速转矩大、波动小、惯量小、尺寸小、质量轻、可靠性高、控制性能好的要求。

永磁直流电动机的输出转矩控制是通过控制其输入电流来实现的,而电动机的正转和反转则是由电子控制单元输出的正反转触发脉冲控制的,如图 2-28 所示。有刷永磁直流电动机,如图 2-29 所示。

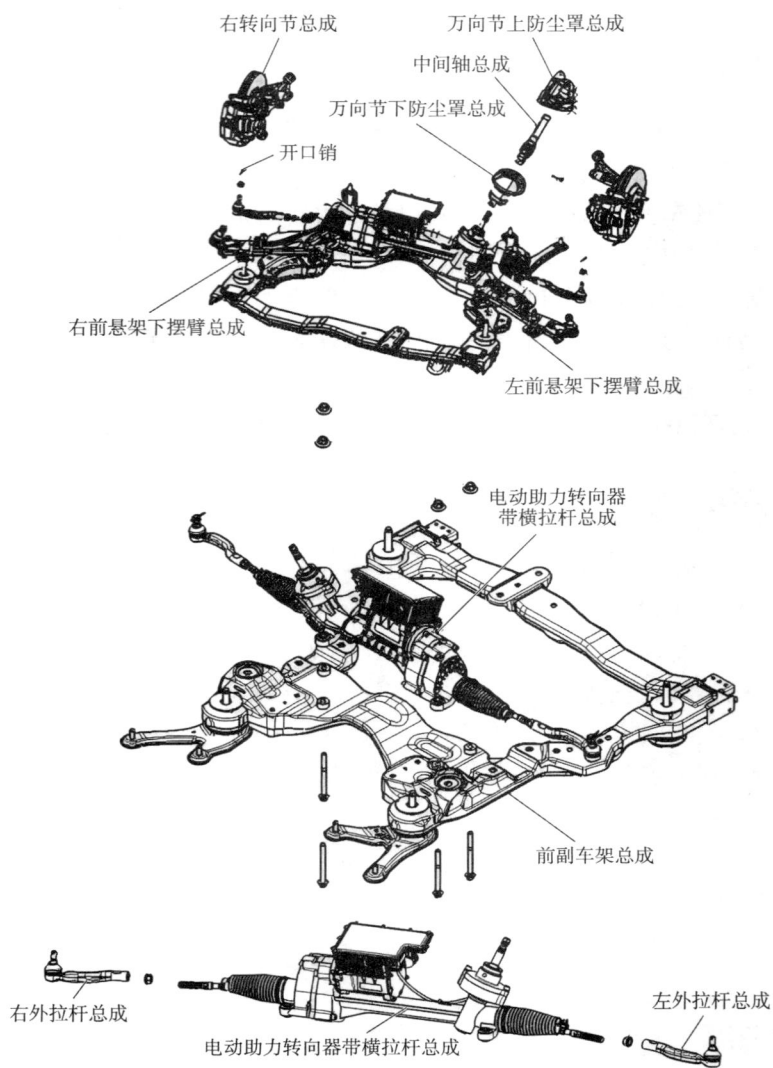

图 2-26　电动助力转向器带横拉杆总成的结构

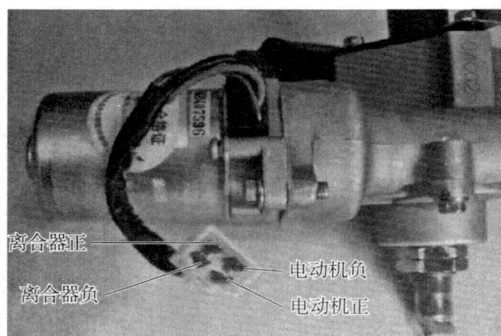

图 2-27　EPS 电动机

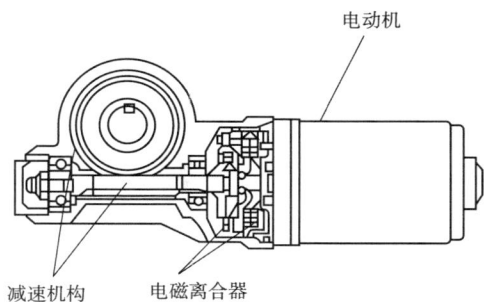

图 2-28　永磁直流电动机

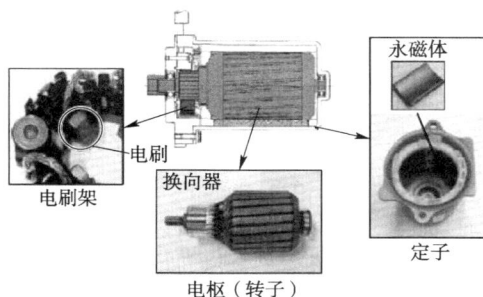

图 2-29　有刷永磁直流电动机

直流电动机控制逻辑如图 2-30 所示，a_1 端和 a_2 端为触发信号端，通过微机系统的 D/A 转换器得到的直流信号输入 a_1 端和 a_2 端，用于触发电动机产生正反转。当 a_1 端得到输入信号时，晶体管 VT_3 导通，VT_2 得到基极电流而导通，电动机有电流流过并正转。当 a_2 端得到输入信号时，晶体管 VT_4 导通，VT_1 得到基极电流而导通，电动机有反向电流流过并反转。控制触发信号端电流的大小，就可以控制电动机通过电流的大小。

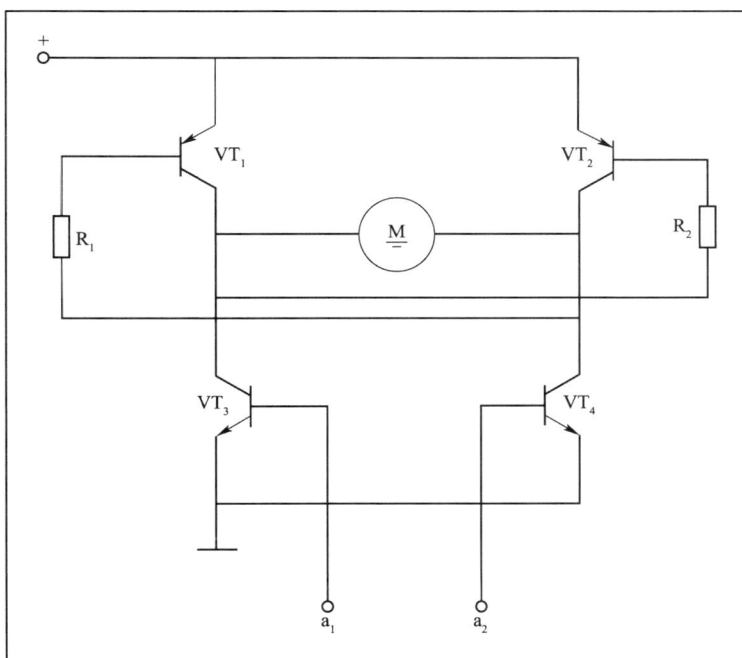

图 2-30　直流电动机控制逻辑

三相无刷永磁电机，其驱动电路为逆变器，由控制器根据助力大小和方向产生 PWM 对其进行控制完成助力，随着控制功能的增强，电磁离合器逐渐取消。

　　无刷直流电动机由永磁体转子、多极绕组定子、位置传感器等组成,如图 2-31 所示。位置传感器按转子位置的变化,沿着一定次序对定子绕组的电流进行换流(即检测转子磁极相对定子绕组的位置,并在确定的位置产生位置传感信号,这些信号经信号转换电路处理后控制功率开关电路,按一定的逻辑关系进行绕组电流切换。定子绕组的工作电压由位置传感器输出控制的电子开关电路提供。

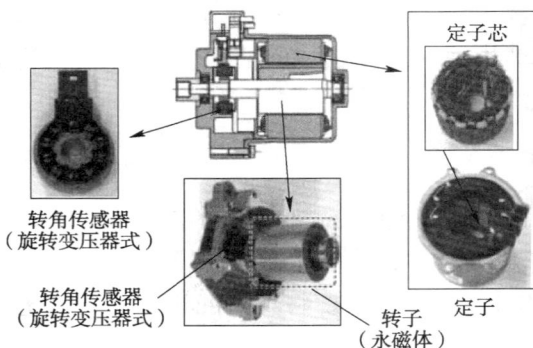

图 2-31　无刷直流电动机

三 决策

　　(1)查阅维修手册或维修资料,并在下方框图中画出大众 ID.4 新能源汽车电动助力转向系统助力电机总成电路图。

　　(2)根据电路图分析大众 ID.4 新能源汽车电动助力转向系统电机总成故障原因,与组员讨论并完成下面的故障分析图(鱼骨图)。

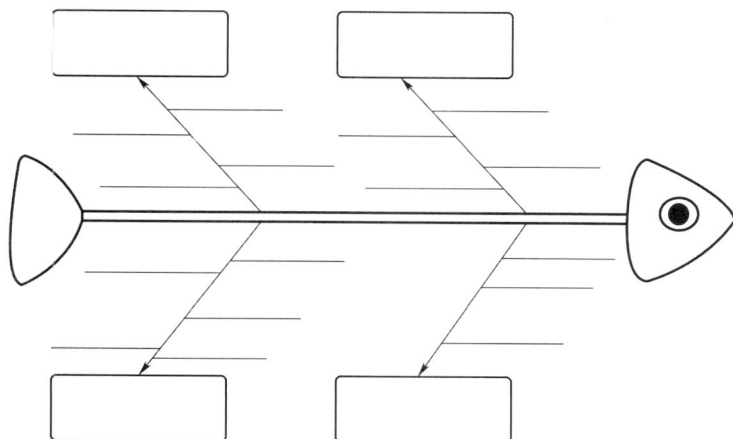

（3）查阅维修手册,写出大众 ID.4 新能源汽车电动助力转向系统助力电机总成故障码的含义及诊断与排除步骤。

DTC NO	故障类型	故障分析	故障排除流程
C1B0200	ECU 故障	EPS 电子控制单元内部故障	更换转向器总成
C1B1000	车速信号错误	车速传感器故障、EPS 电子控制单元故障	（1）检查动力网中车速信号报文（ID:121）第 2.7 位报文值是否为 1:失效。是:检查 ESP 系统。否:执行流程（2）
			（2）EPS 电子控制单元故障,更换转向器总成
C1B1200	电机旋变信号错误	EPS 电子控制单元故障	EPS 电机故障,更换转向器总成
C1B1300	电机温度过高	长时间转动转向盘、EPS 电机、EPS 电子控制单元故障	（1）停止转动转向盘等待 10min 再检测当前故障是否消失。是:属于系统正常的温度保护。否:执行流程（2）
			（2）EPS 电机信号故障、EPS 电子控制单元故障,更换转向器总成
C1B1400	电机过流故障	EPS 电机故障,EPS 电子控制单元故障	更换转向器总成
C1B1500	电流偏离过大	EPS 电机故障,EPS 电子控制单元故障	更换转向器总成

DTC NO	故障类型	故障分析	故障排除流程
C1B1600	电流传感器故障	EPS 电子控制单元故障	更换转向器总成
C1B1700	电机温度传感器故障	EPS 电机故障,EPS 电子控制单元故障	更换转向器总成
C1B1800	电机继电器故障	EPS 电机故障,EPS 电子控制单元故障	更换转向器总成
C1B1900	ECU 温度过高	长时间转动转向盘、EPS 电子控制单元故障	(1)停止转动转向盘等待 10min 再检测当前故障是否消失。是:属于系统正常的温度保护。否:执行流程(2)
			(2)EPS 电子控制单元故障,更换转向器总成
C1B1A00	ECU 温度传感器故障	EPS 电子控制单元故障	更换转向器总成
C1B1B00	ECU 继电器故障	EPS 电子控制单元内部故障	更换转向器总成

(4)通过查阅车辆维修手册,结合故障分析,编制大众 ID.4 新能源汽车电动助力转向系统助力电机总成故障诊断与排除实施方案。

诊断步骤 >>>>

步骤 1:

步骤 2:

步骤 3:

步骤 4:

步骤 5:

步骤 6:

步骤 7:

步骤 8:

步骤 9:

步骤 10:

步骤 11:

步骤 12:

📋 人员安排 》》》

请小组商量后,确定组员的角色及分工。

组员	角色及分工

📋 工具准备 》》》

请根据相应的故障诊断需求,列出所需的工具设备清单。

序号	工具设备名称	作用

📰 注意事项 》》》

请根据操作条件及故障诊断的需求,列出操作时的注意事项。

序号	注意事项
1	
2	
3	
4	
5	

四⚡ 实施

1. 拆卸

拆卸过程中,请注意以下事项:断开万向节前,必须拆除转向盘。否则可能会损坏时钟弹簧。

(1)拆转向盘。

（2）拆卸万向节防尘罩总成Ⅰ。

（3）分离中间轴总成。

（4）分离万向节防尘罩总成Ⅱ。

分离万向节防尘罩总成Ⅱ骨架卡子 A 和 B 与车身的连接，如图 2-32 所示。

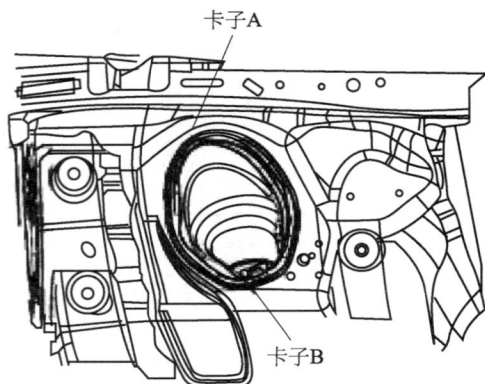

图 2-32　万向节防尘罩总成Ⅱ骨架卡子位置

注意：不要损坏骨架上的卡子。

（5）拆卸前轮。

（6）拆掉摆臂与摆臂球头销总成的安装螺栓和螺母。

（7）分离左侧外拉杆总成与转向节的连接。

①拆下开口销和六角开槽螺母。

②从转向节上分离左侧外拉杆总成。

（8）分离右侧外拉杆总成与转向节的连接。

提示：执行与左侧相同的操作流程。

（9）拔下电源接插件及 CAN 信号接插件。

注意：拔接插件前，先用一字螺丝刀撬开接插件倒扣。

（10）用举升设备顶住副车架主体总成，拆掉副车架主体以及前副车架前、后安装支架与车身的八个连接螺栓（参考前副车架总成拆卸流程）。

（11）降落举升设备，副车架随之落下。

（12）拆掉稳定杆及拉杆球头总成。

（13）拆卸万向节下防尘罩总成。

从电动助力转向器带横拉杆总成上拆下万向节下防尘罩总成。

（14）拆卸电动助力转向器带横拉杆总成。

从前副车架总成拆下 4 个螺栓、4 个螺母和电动助力转向器带横拉杆总成。

（15）固定电动助力转向器带横拉杆总成。

（16）拆卸左侧外拉杆总成。

①在左侧外拉杆总成与内拉杆上做好装配标记。

②拆卸左侧外拉杆总成与拉杆锁紧螺母。

（17）拆卸右侧外拉杆总成。

提示：执行与左侧相同的操作流程。

2. 安装

（1）安装左侧外拉杆总成，如图 2-33 所示。

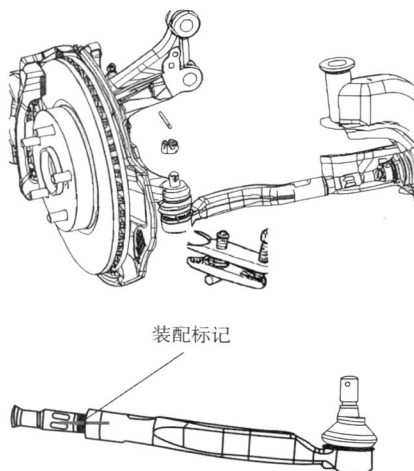

图 2-33　安装左侧外拉杆总成

将拉杆锁紧螺母和左侧外拉杆总成连接到电动助力转向器上，直至装配标记对齐。

提示：调整前束后，拧紧锁紧螺母。

（2）安装右侧外拉杆总成，如图 2-34 所示。

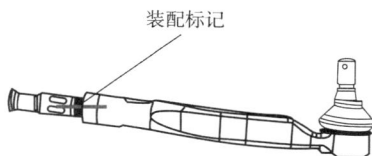

图 2-34　安装右侧外拉杆总成

提示：执行与左侧相同的操作流程。

（3）安装电动助力转向器带横拉杆总成，如图 2-35 所示。

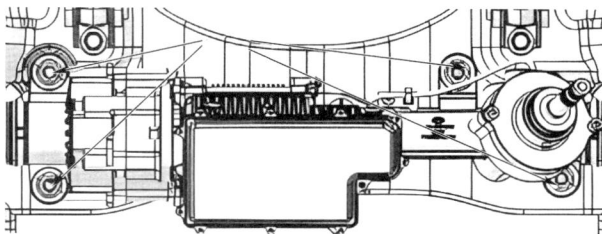

图 2-35　安装电动助力转向器带横拉杆总成

用 4 个螺栓和 4 个螺母将电动助力转向器带横拉杆总成安装至前副车架总成上。预紧力矩:70N·m

(4)安装万向节下防尘罩,如图 2-36 所示。

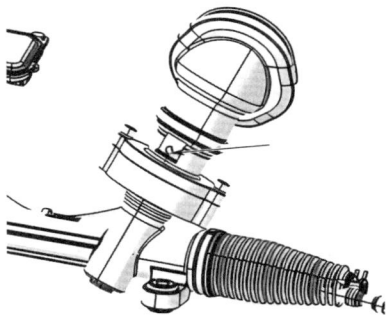

将万向节下防尘罩上圆孔与转向器壳体上的凸台对齐,以安装孔盖。

(5)安装稳定杆及拉杆球头总成。

(6)安装前副车架总成(参考前副车架总成装配流程)。

3.电动助力转向器总成检修注意事项

(1)安全气囊系统操作注意事项。

图 2-36　安装万向节下防尘罩

本车配备有安全气囊,包括前排双安全气囊、侧安全气囊和侧安全气帘。如果不按正确的次序操作,在维修过程中安全气囊可能会意外打开,并导致严重的事故。故维修之前(包括零件的拆卸或安装、检查或更换),一定要阅读安全气囊系统的注意事项。

(2)本车电动助力转向系统带有主动回正控制功能及遥控驾驶功能,转向系统(齿轮齿条式电动助力转向器总成等)经过拆换后,需重新进行车辆四轮定位,并标定转矩、转角信号,同时标定 ESP 转角信号。标定转矩、转角以后,车辆重新上 ON 挡电源,清除残留故障码。

注意:转角信号标定前,禁止执行遥控驾驶操作,否则可能会引起严重损坏故障。

五　检查

用手持式专用故障诊断仪(ED400)读取故障码,根据诊断仪判断故障类型。

(1)关闭点火开关。

(2)将故障诊断仪连接到汽车故障诊断接口(DLC3)。

(3)按照故障诊断仪上的提示读出故障码(DTC)。

(4)清除故障码。

(5)再次读取故障码(是否依然存在故障码,在相应的横线上打√)。

是_____否_____

六　评估

活动总结 >>>

请根据维修过程撰写大众 ID.4 新能源汽车电动助力转向系统助力电机总成故障诊断与排除技术总结。

_____技术总结

1. 故障现象

2. 故障原因

3. 故障诊断与排除过程

4. 经验和不足

📖 **活动评价** >>>

根据下表进行自评、互评、教师评价。

大众 ID.4 新能源汽车电动助力转向器总成故障诊断与排除		实习日期：		
姓名：	班级：	学号：	教师签名：	
自评：□熟练 □不熟练	互评：□熟练 □不熟练	师评：□合格 □不合格		
日期：	日期：	日期：		

【评分细则】

序号	评分项	得分条件	分值（分）	评分要求	自评	互评	师评
1	安全/8S/态度	□1）能进行工位 8S 操作 □2）能进行设备和工具安全检查 □3）能进行车辆安全防护操作 □4）能进行工具清洁、校准、存放操作 □5）能进行"三不落地"操作	15	有 1 项未完成扣 3 分	□熟练 □不熟练	□熟练 □不熟练	□合格 □不合格
2	专业技术能力	□1）能正确读取故障码 □2）能正确读取数据流 □3）能正确检查计算机电源电路 □4）能正确检查计算机搭铁电路 □5）能正确判断故障点部位	50	有 1 项未完成扣 10 分	□熟练 □不熟练	□熟练 □不熟练	□合格 □不合格
3	工具及设备的使用能力	□能正确使用维修工具	10	未完成扣 10 分	□熟练 □不熟练	□熟练 □不熟练	□合格 □不合格
4	资料、信息查询能力	□1）能正确使用维修手册查询资料 □2）能正确记录所需维修信息	10	有 1 项未完成扣 5 分	□熟练 □不熟练	□熟练 □不熟练	□合格 □不合格
5	数据判断和分析能力	□1）能判断灯泡灯丝的好坏 □2）能判断熔断器的好坏	10	有 1 项未完成扣 5 分	□熟练 □不熟练	□熟练 □不熟练	□合格 □不合格
6	表单填写能力	□1）字迹清晰 □2）语句通顺 □3）无错别字 □4）无涂改 □5）无抄袭	5	有 1 项未完成扣 1 分	□熟练 □不熟练	□熟练 □不熟练	□合格 □不合格

总分：

习题 >>>

1. 单选题

（1）下面不是 EPS 系统优点的是（   ）。

    A. 增加了燃油消耗   B. 增强了转向跟随性

    C. 改善了转向回正特性   D. 提高了操纵稳定性

（2）转向盘最大自由行程不大于（   ）mm。

    A. 10   B. 20   C. 30   D. 40

（3）EPS 系统供电电压一般是（   ）V。

    A. 6   B. 9   C. 12   D. 20

（4）角度变化范围为 $\pm720°$，也就是转向盘转（   ）圈。

    A. 2   B. 4   C. 5   D. 3

（5）每一个转子实际上有三组相位互差（   ）的线圈。

    A. 120°   B. 140°   C. 180°   D. 240°

（6）一个总端电阻的电阻是（   ）Ω。

    A. 40   B. 120   C. 60   D. 240

（7）在 EPS 系统中，（   ）传感器用于检测车辆当前的行驶速度。

    A. 转矩   B. 角度   C. 车速   D. 电流

（8）EPS 系统的核心控制单元是（   ）。

    A. 转矩传感器   B. 车速传感器

    C. 电动机   D. 电子控制单元（ECU）

（9）EPS 系统在工作时，主要通过（   ）来调整助力的大小。

    A. 发动机转速   B. 车速

    C. 制动压力   D. 转向盘转角

（10）当驾驶员在低速行驶时转动转向盘，EPS 系统通常会提供（   ）。

    A. 较小的助力   B. 较大的助力

    C. 不提供助力   D. 助力大小与速度无关

2. 判断题

（1）EPS 一般常采用直流无刷永磁电动机，无刷永磁电动机具有无励磁损耗、效率较高、体积较小等特点。　　　　　　　　　　　　　　　　　　　　　（　　）

（2）电动式 EPS 以交流电动机作为助力源。　　　　　　　　　　　（　　）

（3）常用的转角传感器有光电式、磁阻式和 Halle（霍尔）式。　　　（　　）

（4）Halle 转角传感器是一种转矩转角传感器，既可以测转矩，也可以测转向盘转角。　　　　　　　　　　　　　　　　　　　　　　　　　　　（　　）

（5）磁阻式转矩传感器输入轴上装有多极磁环，输出轴上装有磁阻元件 MRE，两者通过扭力杆弹性连接，允许有一定的相对角位移。　　　　　　　　　（　　）

（6）转矩传感器是 EPS 系统中用于检测转向盘转角的关键部件。 （　　）

（7）EPS 系统在工作时，助力与车辆的行驶速度成反比，即车辆行驶速度越高，助力越小。 （　　）

（8）EPS 系统的工作状态不会受到车辆其他系统（如发动机、变速器）故障的影响。
（　　）

（9）电动助力转向系统相比传统液压助力系统，更容易实现个性化设置和驾驶模式选择。 （　　）

（10）电动助力转向系统的助力大小是根据车速和转向力矩的大小来自动调节的。
（　　）

3. 实操练习题

（1）相比传统液压助力转向系统，电动助力转向系统有哪些优点？

（2）简述汽车电动助力转向系统的分类。

（3）请列出 EPS 电源故障的所有可能故障点。

（4）写出 Halle 转角传感器工作原理。

（5）大众 ID.4 新能源汽车 CAN 总线网络架构主要包括哪 7 个网络？

学习任务三

新能源汽车 ABS 警告灯常亮故障诊断与排除

学习目标 》》》

知识目标

1.掌握大众 ID.4 新能源汽车 ABS 的组成及工作原理;

2.能读懂大众 ID.4 新能源汽车 ABS 电路图;

3.能查阅维修手册等技术资料,分析新能源汽车 ABS 警告灯常亮的原因;

4.掌握大众 ID.4 新能源汽车 ABS 警告灯常亮的故障诊断步骤。

技能目标

1.能阅读维修工单,根据班组长的描述及基本检查确认故障现象,填写车辆信息和故障信息;

2.能通过查阅车辆维修手册,结合故障分析,编制 ABS 警告灯常亮故障诊断与排除实施方案;

3.能根据检测结果及故障原因分析,确定 ABS 维修项目,并征得班组长的同意;

4.按照故障诊断与排除实施方案和作业流程,参照维修手册,准备工具、仪器设备、耗材物料,使用诊断设备和工具,对车辆 ABS 的元件、控制线路及控制模块等实施数据检测、故障码读取、故障部位查找、故障点修复等作业;

5.自检合格后,能填写任务工单并进行质量检验后交给班组长检查;

6.能撰写 ABS 警告灯常亮故障诊断与排除技术总结(包括故障现象、故障原因、故障诊断与排除过程、经验和不足),并提出改进性建议。

素养目标

1.提升分析判断能力和逻辑推理能力;

2.能与车主良好沟通,提高自身的语言表达和沟通服务能力;

3.能感受汽车电子技术的发展对汽车运行性能的影响,点燃"科技强国"梦想;

4.能够在工作过程中与小组其他成员分工、合作、交流,形成团队合作意识,锻炼沟通能力;

5.具备与本专业职业发展相适应的劳动素养、劳动技能;

6.遵守道德准则和行为规范,具备社会责任感和社会参与意识。

建议学时 »»

50 学时

学习活动 »»

学习活动1　ABS 基本检查
学习活动2　ABS 故障诊断与排除

学习活动1　ABS 基本检查

一 资讯

情境描述 »»

　　一辆大众 ID.4 新能源汽车进厂维修,车主反映汽车 ABS 警告灯亮,经维修技师对车辆进行初步检查,用专用解码仪读取该车辆故障码,显示为 ABS 助力电机总成故障。

　　学生根据故障码指示,通过查阅车辆维修手册,结合故障分析,编制 ABS 电机总成故障检查实施方案,包括诊断步骤、人员安排、工具、注意事项等。学生可选择以独立或小组合作的方式,依据故障检查实施方案和作业流程,参照维修手册,准备工具、仪器设备、耗材物料,使用诊断设备和工具,对该 ABS 电机总成实施数据检测、故障部位查找、故障点修复等作业;自检合格后,填写任务工单并进行质量检验。同时,学生应在教师指导下总结任务实施过程,撰写技术总结。在工作过程中,学生应牢固树立成本意识,严格遵守现场工作管理规范。

任务要求 »»

　　请你根据情境描述,在规定的时间内,分别完成 ABS 电机总成故障检查实施方案的编制和故障的基本检查:

　　1.请查阅该车型的维修手册,查看 ABS 电机总成控制电路图,列出可能存在的故障原因,并说明理由;

　　2.根据初步检查后确认的故障现象,查阅维修手册等资料,制定一份尽可能详细的 ABS 电机总成故障检查实施方案,并全面而细致地说明采取此方案的理由;

　　3.请列出在 ABS 电机总成故障检查过程中需要注意的事项。

📚 任务分组 >>>

全班学生分成若干个学习小组,每小组 4～6 人。

班组长:任务布置,组员分工。

服务顾问:接待问诊,基本检查,故障现象确认。

配件管理员:耗材准备。

工具管理员:工具设备准备,维修资料查阅。

维修技师:维修操作。

车间主管:维修质量检验。

二 ⚡ 计划

📄 知识链接 >>>

传统制动系统
与防抱死制动系统
制动效果比较

防抱死制动系统
基本原理

1. 汽车 ABS 的工作原理

汽车 ABS 是为了消除在紧急制动过程中出现的不稳定因素而专门设置的制动压力调节系统,如图 3-1 所示。

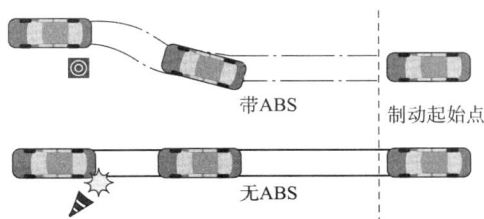

带ABS　　　　制动起始点

无ABS

图 3-1　ABS 功用

ABS 的工作过程主要分为减压过程、保压过程和增压过程。

(1)减压过程。电磁阀通入较大电流时,柱塞移至上端,主缸与轮缸之间的通路被截断,轮缸则与液压油箱接通。轮缸的制动液流入液压油箱内,导致制动压力降低。与此同时,驱动电机启动,带动压泵工作,将流回液压箱的制动液加压后输送到主缸,为下一个制动周期做好准备。为了防止 ABS 工作时制动踏板行程发生变化,液压泵必须常开。

(2)保压过程。当电磁阀通入较小的电流时,柱塞进行移动,把所有的通道截断,所以保持制动压力很重要。

(3)增压过程。电磁阀断电后,柱塞回到初始位置。主缸和轮缸再次连通,主缸中的高压制动液和液压泵输出的制动液一起进入轮缸,增加了制动压力。增压和减压速度可以直接通过电磁阀的进出油口进行控制。

ABS 的电子控制单元对各传感器传来的信号进行检测和判定,并形成相应的控制

指令传送给制动压力调节器以对各制动轮缸的制动液压进行调节,最大化发挥制动性能,防止车轮抱死,控制车轮的滑移率始终保持在 10% ~20% 之间,如图 3-2 所示。

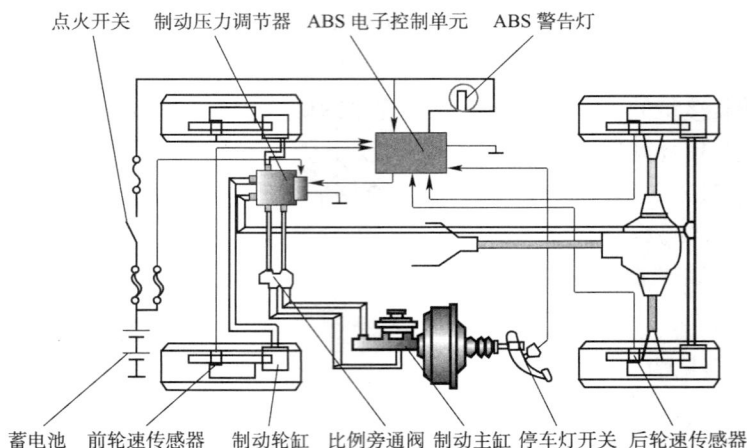

图 3-2　ABS 工作原理

2. 大众 ID.4 新能源汽车 ABS 结构

电子制动控制模块 – 电子制动控制模块控制系统功能并检测故障。从而向电磁阀和泵电机提供电压。

制动压力调节器阀总成 – 制动压力调节器阀总成包括以下部件:带泵电机的液压泵、4 个隔离阀、4 个卸压阀、2 个牵引力控制/稳定性控制电源阀、2 个牵引力控制/稳定性控制隔离阀、压力传感器、高压储能器、低压储能器。

多轴加速度传感器:横向偏摆率加速度传感器被组合为一个多轴加速度传感器,位于电子制动控制模块外部。电子制动控制模块从横向偏摆率和横向加速度传感器接收串行数据信息输入,并根据多轴加速度传感器输入启动稳定性控制。

转向盘转角传感器:电子制动控制模块接收来自转向盘转角传感器输入的串行数据信息。转向盘转角传感器信号用于计算期望的横向偏摆率。

牵引力控制开关:按下牵引力控制开关,可手动停用或启用牵引力控制和稳定性控制。

轮速传感器:电子制动控制模块向各轮速传感器发送一个 12V 参考电压。随着车轮旋转,轮速传感器产生交流电方波信号。电子制动控制模块通过此方波信号的频率来计算轮速。

任务确认 》》》

1. 明确工作任务

(1)请认真阅读情境描述,用彩笔标记关键词,并用一句话总结你需要完成的任务及要求。

工作要求

（2）现需要与班组长进行沟通并确认车辆等相关信息，请你列出需要问的问题。

序号	问题
1	
2	
3	
4	
5	

三 ⚡ 决策

（1）查阅维修手册或维修资料，并在下方框图画出大众 ID.4 新能源汽车 ABS 的电路图。

（2）根据电路图分析大众 ID.4 新能源汽车 ABS 灯常亮的故障原因，与组员讨论并完成下面的故障分析图（鱼骨图）。

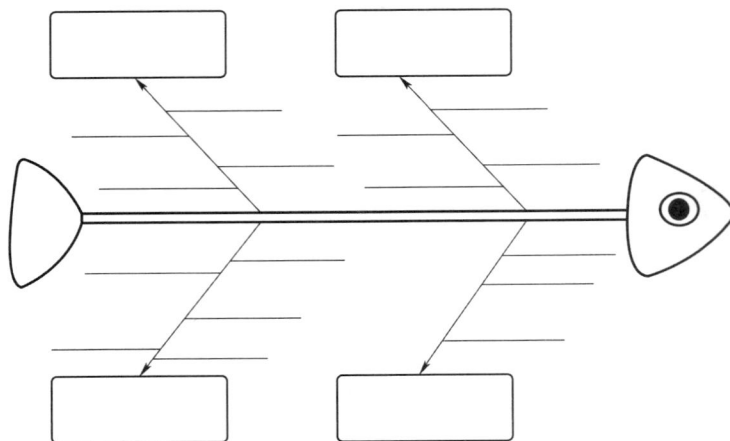

（3）通过查阅维修手册,结合故障分析,编制大众 ID.4 新能源汽车 ABS 灯亮故障基本检查实施方案。

诊断步骤 》》》

步骤 1：

步骤 2：

步骤 3：

步骤 4：

步骤 5：

步骤 6：

步骤 7：

步骤 8：

步骤 9：

步骤 10：

步骤 11：

步骤 12：

人员安排 》》》

请小组商量后,确定组员的角色及分工。

组员	角色及分工

工具准备 >>>

请根据相应的故障诊断需求,列出所需的工具设备清单。

序号	工具设备名称	作用

注意事项 >>>

请根据操作条件及故障诊断的需求,列出操作时的注意事项。

序号	注意事项
1	
2	
3	
4	
5	

四 实施

1. ABS 的检查

(1)所有车轮使用规定的及相同规格的轮胎,轮胎充气压力正确;

(2)包括制动灯开关及制动灯在内的常规制动装置正常;

(3)液压系统接头和管路密封良好(目视检查液压单元及制动泵);

(4)轮毂轴承及其间隙正常;

(5)转速传感器安装位置正确;

(6)所有熔断丝正常;

(7)控制单元 J104 插接连接正确,并且将锁紧器锁定;

(8)电源电压正常(最小不低于 10.5V);

（9）只有在停车时及打开点火开关的情况下才有可能进入自诊断系统。在车速超过 2.75km/h 时不能进入自诊断系统,因此自诊断时四个车轮必须均处于静止状态。

2.故障码的读取

用手持式专用故障诊断仪 VW VAS 6150E 读取故障码,根据故障诊断仪读出故障类型。

（1）关闭点火开关。

（2）将故障诊断仪连接到汽车故障诊断接口（DLC3）。

（3）按照故障诊断仪上的提示读出故障码（DTC）。

（4）清除故障码。

（5）再次读取故障码（是否仍然有故障码,在相应的横线上打√,如有故障码,并记录）。

是_____,故障码为:_____;故障含义:_____。

否_____。

五 检查

1.由班组长对转向盘自由行程进行进一步检查。

检查结果:_____。

2.用故障诊断仪 VW VAS 6150E 读取故障码,根据诊断仪判断故障类型。

（1）关闭点火开关。

（2）将故障诊断仪连接到汽车故障诊断接口（U31）。

（3）按照故障诊断仪上的提示读出故障码（DTC）。

（4）清除故障码。

（5）再次读取故障码（是否依然存在故障码,在相应的横线上打√）。

是_____ 否_____

（6）验证 ABS 是否正常工作。

（7）整理,恢复作业场地。

六 评估

📋 **活动总结** 》》》

请根据诊断与排除过程撰写大众 ID.4 新能源汽车 ABS 警告灯常亮故障基本检查技术总结。

_____技术总结

1. 故障现象

2. 故障原因

3. 故障诊断与排除过程

4. 经验和不足

活动评价 >>>

根据下表进行自评、互评、教师评价。

大众 ID.4 新能源汽车 ABS 警告灯常亮故障基本检查		实习日期：	
姓名：	班级：	学号：	教师签名：
自评:□熟练 □不熟练	互评:□熟练 □不熟练	师评:□合格 □不合格	
日期：	日期：	日期：	

续上表

【评分细则】							
序号	评分项	得分条件	分值（分）	评分要求	自评	互评	师评
1	安全/8S/态度	□1）能进行工位8S操作 □2）能进行设备和工具安全检查 □3）能进行车辆安全防护操作 □4）能进行工具清洁、校准、存放操作 □5）能进行"三不落地"操作	15	有1项未完成扣3分	□熟练 □不熟练	□熟练 □不熟练	□合格 □不合格
2	专业技术能力	□1）能与车主良好沟通 □2）能确认故障现象 □3）能正确完成环车检查 □4）能正确填写任务委托书 □5）能分析故障原因 □6）能制定故障基本检查方案 □7）能实施基本检查	50	有1项未完成扣5分	□熟练 □不熟练	□熟练 □不熟练	□合格 □不合格
3	工具及设备的使用能力	□能正确使用维修工具	10	有1项未完成扣3分	□熟练 □不熟练	□熟练 □不熟练	□合格 □不合格
4	资料、信息查询能力	□1）能正确使用维修手册查询资料 □2）能正确记录所需维修信息	10	有1项未完成扣3分	□熟练 □不熟练	□熟练 □不熟练	□合格 □不合格
5	数据判断和分析能力	□1）能判断ABS警告灯状态 □2）能判断转向盘自由行程	10	有1项未完成扣3分	□熟练 □不熟练	□熟练 □不熟练	□合格 □不合格
6	表单填写能力	□1）字迹清晰 □2）语句通顺 □3）无错别字 □4）无涂改 □5）无抄袭	5	有1项未完成扣1分	□熟练 □不熟练	□熟练 □不熟练	□合格 □不合格
总分：							

学习活动 2 ABS 故障诊断与排除

一 资讯

情境描述 》》》

　　一辆大众 ID.4 新能源汽车进厂维修,车主反映汽车 ABS 警告灯亮,经维修技师对车辆进行初步检查,用专用解码仪读取该车辆故障码,显示为 ABS 助力电机总成故障。

　　学生根据故障码指示,通过查阅车辆维修手册,结合故障分析,编制 ABS 电机总成故障诊断与排除实施方案,包括诊断步骤、时间及人员安排、所需工具、注意事项等。学生可选择以独立或小组合作的方式,依据故障诊断与排除实施方案和作业流程,参照维修手册,准备工具、仪器设备、耗材物料,使用诊断设备和工具,对该 ABS 电机总成故障检查等实施数据检测、故障部位查找、故障点修复等作业;自检合格后,填写任务工单并进行质量检验。同时,学生应在教师指导下总结任务实施过程,撰写任务实施指导书。在工作过程中,学生应牢固树立成本意识,严格遵守现场工作管理规范。

任务要求 》》》

　　请你根据任务情境描述,在规定的时间内,分别完成 ABS 电机总成故障诊断与排除方案的编制和实施:

　　1. 请查阅该车型的维修手册,查看 ABS 电机总成控制电路图,列出可能产生的故障原因,并说明理由;

　　2. 根据初步检查后确认的故障现象,查阅维修手册等资料,制定一份尽可能详细的 ABS 电机总成故障诊断与排除方案,并全面而细致地说明采取此方案的理由;

　　3. 请列出在 ABS 电机总成故障诊断与排除过程中需要注意的事项。

任务分组 》》》

　　全班学生分成若干个学习小组,每小组 4~6 人。

　　班组长:任务布置,组员分工。

　　服务顾问:接待问诊,基本检查,故障现象确认。

　　配件管理员:耗材准备。

　　工具管理员:工具设备准备,维修资料查阅。

维修技师:维修操作。

车间主管:维修质量检验。

二 计划

知识链接 >>>

1. ABS 电子控制单元电源电路组成,如图 3-3 所示。由经过 SB32、SB13、SB2 熔断丝供电给 J104。

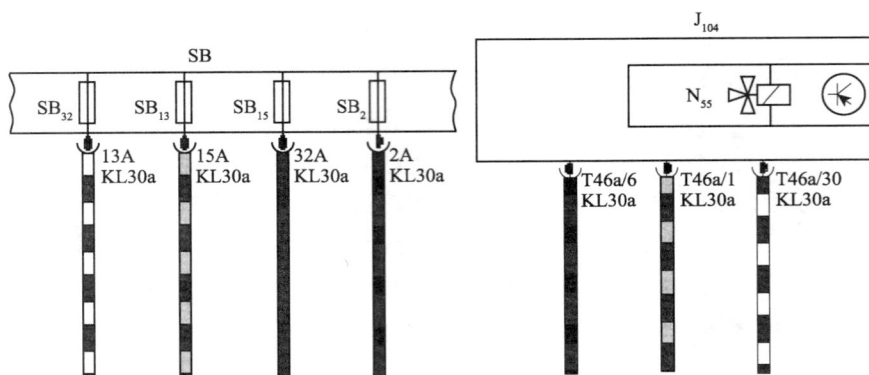

图 3-3 ABS 电源电路组成

2. 大众 ID.4 新能源汽车 ABS 的工作过程。

当制动期间检测到车轮打滑时,ABS 启动,对各车轮油路中的油液压力加以控制。各车轮配有独立的液压油路和特定的电磁阀。ABS 可降低、保持或提高各轮的油液压力。但是,ABS 未使油液压力超过总泵在制动期间所提供的压力。

在 ABS 制动期间,制动踏板上将感觉到一系列快速脉动。当电子制动控制模块响应轮速传感器输入并试图防止车轮打滑时,各电磁阀的位置迅速变化,从而产生脉动。踏板脉动仅在 ABS 制动期间出现,当恢复普通制动或停车后即消失。当电磁阀快速循环切换时,可能还会听到嘀嗒声或砰砰声。在干燥的路面上进行防抱死制动时,轮胎在接近打滑时可能会发出间断性的唧唧声。在 ABS 工作期间,出现噪声和踏板脉动是正常的。

对于装备 ABS 的车辆,在制动踏板上施加正常的力即可停车。在正常制动期间,制动踏板的操作与未装备 ABS 的车辆相同。如果以恒力踩住踏板,则可缩短制动距离,并保持车辆的稳定性。典型的 ABS 启动程序如下。

1)压力保持

当车轮打滑时,电子制动控制模块关闭隔离阀并使卸压阀保持关闭状态,从而隔离打滑车轮。这样,可保持制动器中压力稳定,从而使油液压力既不增大也不减小。

2）压力减小

如果压力保持未能修正车轮打滑状况,压力就会减小。在减速期间,当车轮打滑时,电子制动控制模块会降低提供至各个车轮的压力。此时,隔离阀关闭,而卸压阀打开。多余的油液存储在储能器中,直到泵将油液返回至总泵或储液罐。

3）压力增大

车轮打滑修正后,压力就会增大。在减速期间,电子制动控制模块会增加提供至各个车轮的压力,以降低轮速。此时,隔离阀打开,而卸压阀关闭。增大的压力由总泵提供。

4）牵引力控制

发现驱动轮打滑时,电子制动控制模块将进入牵引力控制模式。

首先,电子制动控制模块将通过串行数据信息,请求发动机控制模块(ECM)减小驱动轮上的力矩。发动机控制模块随即减小施加在驱动轮上的力矩,并向驱动轮输出的转矩。

如果发动机转矩减小后,并没有减少驱动轮打滑的情况,电子制动控制模块将主动对打滑的驱动轮进行制动。在牵引力控制制动期间,对各驱动轮油路的油液压力加以控制,防止驱动轮打滑。电子制动控制模块指令泵电机和相应的电磁阀接通或断开,以便向打滑车轮施加制动压力。

牵引力控制可通过按下牵引力控制开关手动停用或启用。

5）稳定性控制

猛烈操作车辆时,稳定性控制提供附加稳定性。当电子制动控制模块确定期望的横向偏摆率与传感器测量的实际横向偏摆率不符时,稳定性控制将启动。横向偏摆率是指绕车辆纵向轴线转动的速率。

期望的横向偏摆率由电子制动控制模块通过以下数据信息来计算。

（1）转向盘位置。

（2）车速。

（3）横向加速度。

期望的横向偏摆率和实际的横向偏摆率之间的差值为横向偏摆率误差,是转向过度或转向不足的测量结果。当检测到横向偏摆率误差时,电子制动控制模块会尝试向一个或多个车轮施加制动压力,以对车辆横向偏摆运动进行校正。施加制动压力的大小根据校正需求而变化。如果有必要在维持车辆稳定时降低车速,则发动机转矩也可能减小。

稳定性控制通常在行驶过猛时于转弯处启动。在稳定性控制启动中施加制动,制动踏板会产生脉动。

稳定性控制可通过按下牵引力控制开关5s手动停用或启用。

6）动态后轮制动力分配

动态后轮制动力分配是一个控制系统,它取代了机械式比例阀。在一定的行驶条件下,电子制动控制模块会通过指令相应的电磁阀接通和断开来减小后轮制动压力。

7) 液压制动辅助

液压制动辅助功能用于在紧急制动情况下辅助驾驶员。

电子制动控制模块接收来自制动压力传感器的输入。当电子制动控制模块检测到紧急制动情况时,会主动增加制动压力至最大规定值。

8) 制动警告指示灯

发生以下情况时,组合仪表会点亮制动警告指示灯:

(1) 组合仪表执行灯泡检查。

(2) 电子制动控制模块检测到故障时,发送串行数据信息至组合仪表请求点亮指示灯。

(3) 车身控制模块检测到驻车制动器已接合。组合仪表接收到来自车身控制模块请求点亮指示灯的串行数据信息。

9) ABS 指示灯

发生以下情况时,组合仪表会点亮 ABS 指示灯:

(1) 组合仪表执行灯泡检查。

(2) 电子制动控制模块检测到停用 ABS 的故障时,发送串行数据信息至组合仪表请求点亮指示灯。

3. 大众 ID.4 新能源汽车 ABS 电子控制单元电源电路工作原理。如图 3-4 所示。

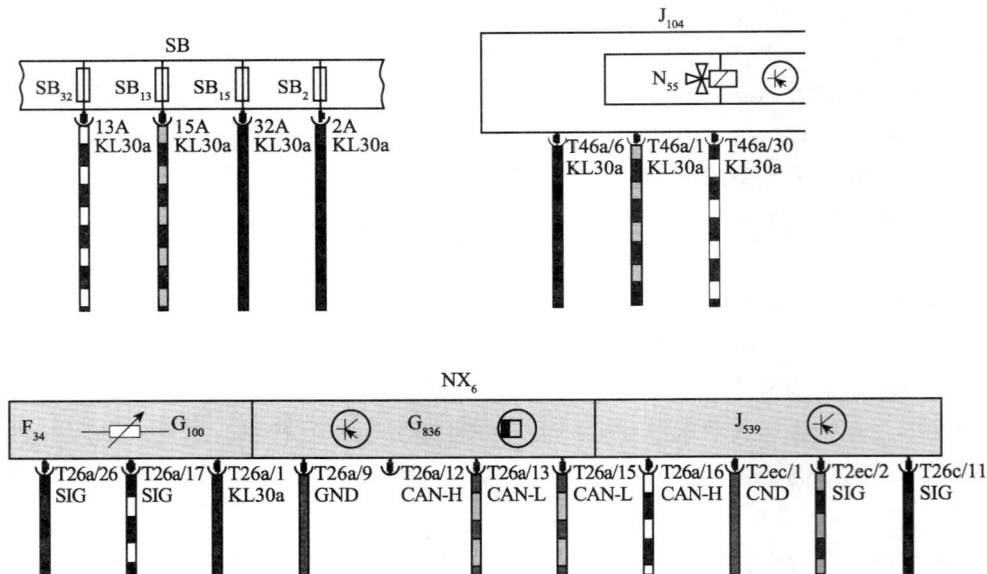

图 3-4　ABS 电控单元电源电路

通过 SB32、SB13、SB15 供电。此路的完整供电为 SB2、SB13、SB15 到 J104 的 T46A、1/6,T26A、1 号脚为其提供 30 正电供电。

任务确认 》》》

连接故障诊断仪 VW VAS 6150E,按下一键启动开关,打开故障诊断仪,进入数据总线诊断接口,读取并记录相关故障码与数据流。车辆下电后清除故障码,车辆再次上电后,使用故障诊断仪再次读取故障码并和之前的故障码进行对比,分析故障码的性质。

故障码	故障含义
数据流	数据流相应参数

三 决策

（1）查阅维修手册或维修资料,并在下方图框处画出大众 ID.4 新能源汽车 ABS的电路图。

（2）根据电路图分析大众 ID.4 新能源汽车 ABS 灯常亮的故障原因,与组员讨论并完成下面的故障分析图(鱼骨图)。

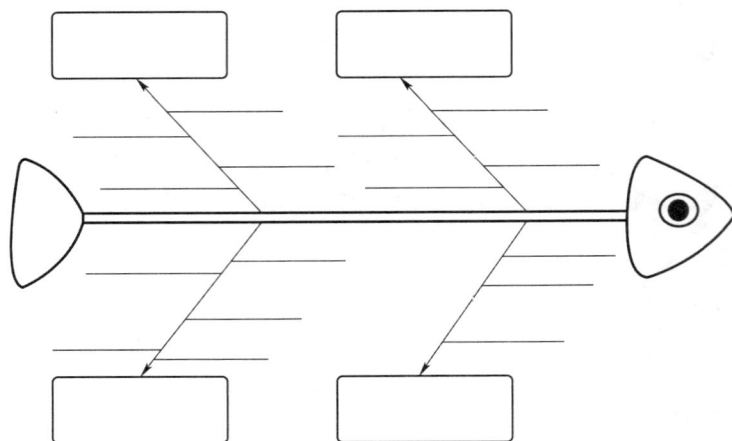

（3）通过查阅车辆维修手册，结合故障分析，编制大众 ID.4 新能源汽车 ABS 警告灯常亮故障诊断与排除实施方案。

📋 诊断步骤 》》》

步骤 1：

步骤 2：

步骤 3：

步骤 4：

步骤 5：

步骤 6：

步骤 7：

步骤 8：

步骤 9：

步骤 10：

步骤 11：

步骤 12：

📝 人员安排 》》》

请小组商量后，确定组员的角色及分工。

组员	角色及分工

🗒 工具准备 》》》

请根据相应的故障诊断需求,列出所需的工具设备清单。

序号	工具设备名称	作用

📰 注意事项 》》》

请根据操作条件及故障诊断的需求,列出操作时的注意事项。

序号	注意事项
1	
2	
3	
4	
5	

四 ⚡ 实施

大众 ID.4 新能源汽车 ABS 电源电压低、电源电压正极断路故障检查步骤如表所示。

步骤	诊断动作	图示	标准值	是	否
1	检查整车电压是否正常	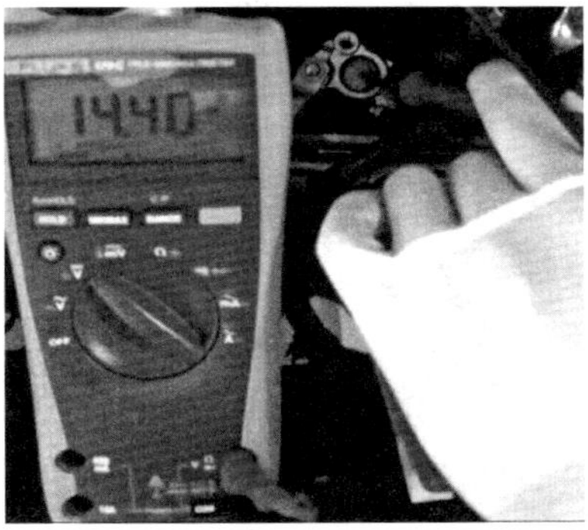	10～16V	至步骤3	进行下一步

续上表

步骤	诊断动作	图示	标准值	是	否
2	修复整车电压问题	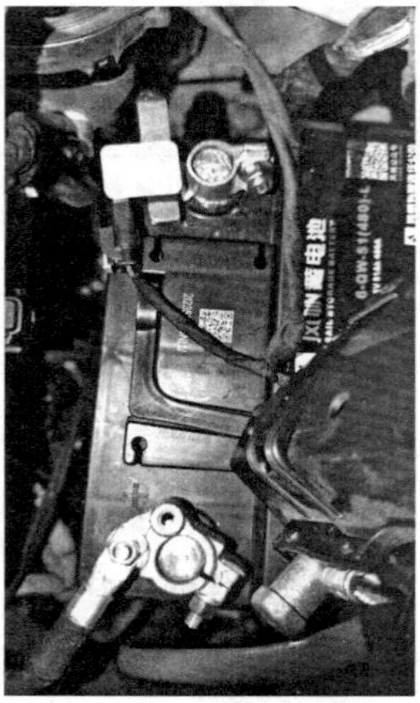	是否完成	至步骤8	
3	检查 ABS-T46a-1/6，T26A-1 电压是否为 10～16V，T46a-14/46 是否和地良好导通	  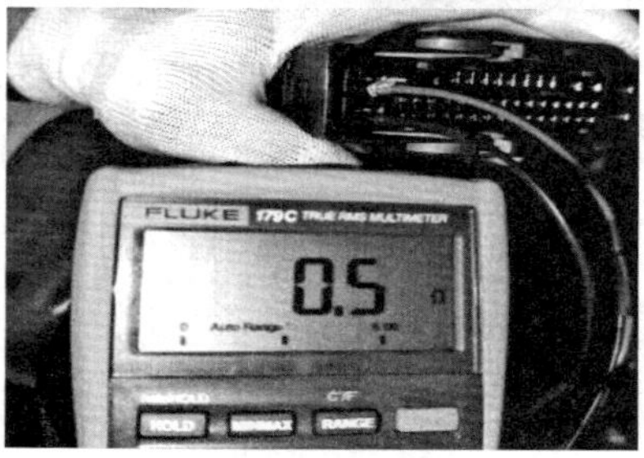	是否正常	至步骤7	进行下一步

续上表

步骤	诊断动作	图示	标准值	是	否
4	保险 SB3/SB13/SB15 是否正常	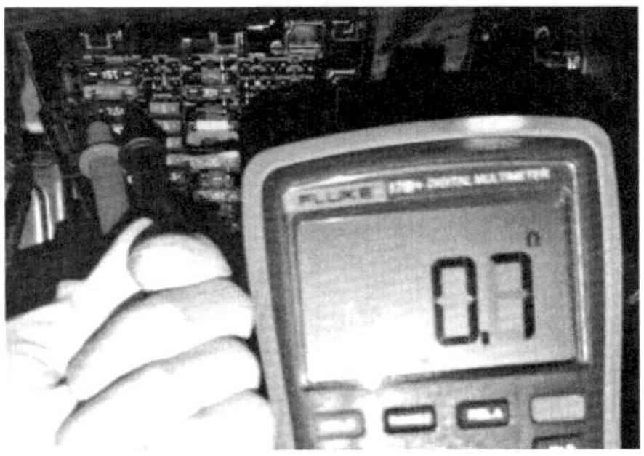 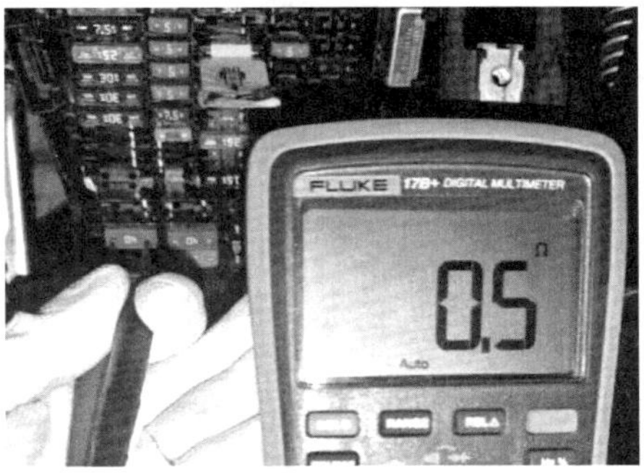 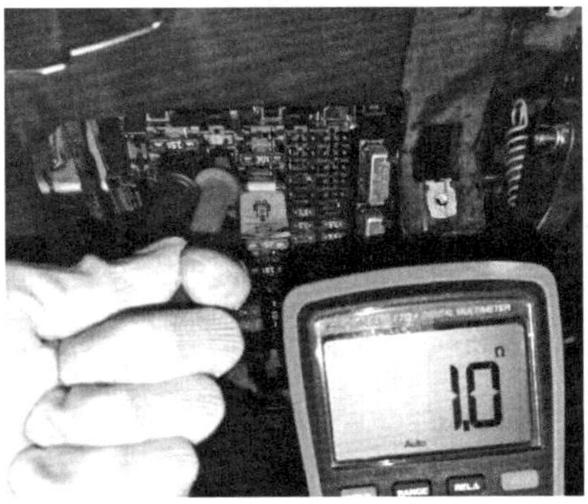	是否导通	至步骤 6	进行下一步
5	更换保险	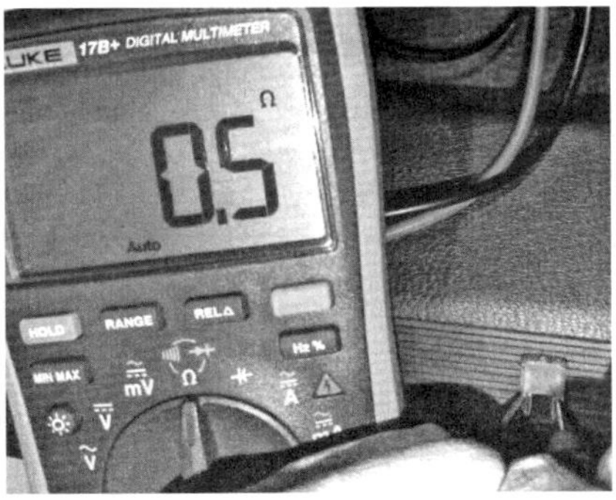	是否完成	至步骤 8	

续上表

步骤	诊断动作	图示	标准值	是	否
6	检查ABS电源线束是否存在其他短路或开路		是否正常	检修电源系统	进行下一步
7	更换ABS总成		是否完成	进行下一步	
8	使用诊断仪清理诊断故障码	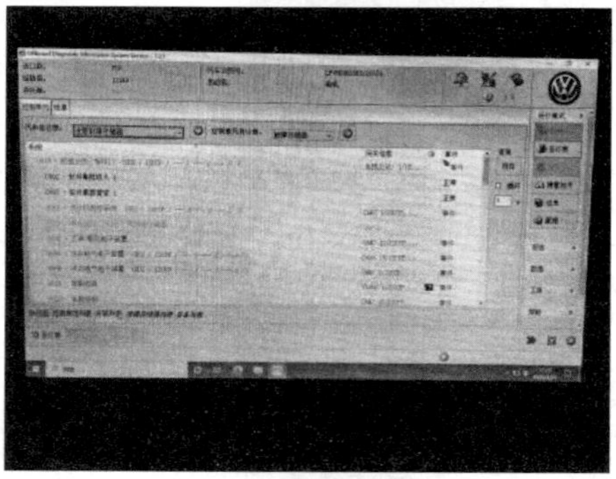	故障码是否依然存在	至步骤1	故障排除

五 检查

用故障诊断仪 VW VAS 6150E 读取故障码,根据故障诊断仪读出故障类型。

（1）关闭点火开关。

（2）将故障诊断仪连接到汽车故障诊断接口（U31）。

（3）按照故障诊断仪上的提示读出故障码（DTC）。

（4）清除故障码。

（5）再次读取故障码（是否依然存在故障码，在相应的横线上打√）。

是＿＿＿＿＿＿＿否＿＿＿＿＿＿＿

（6）验证 ABS 是否正常工作。

（7）整理，恢复作业场地。

六 评估

活动总结 》》》

请根据诊断与排除过程撰写大众 ID.4 新能源汽车 ABS 警告灯亮故障诊断与排除技术总结。

＿＿＿＿＿＿＿＿技术总结
1. 故障现象
2. 故障原因
3. 故障诊断与排除过程
4. 经验和不足

活动评价 》》》

根据下表进行自评、互评、教师评价。

大众 ID.4 新能源汽车 ABS 警告灯常亮故障诊断与排除			实习日期：			
姓名：		班级：	学号：		教师签名：	
自评：□熟练 □不熟练		互评：□熟练 □不熟练	师评：□合格 □不合格			
日期：		日期：	日期：			
【评分细则】						
序号	评分项	得分条件	分值（分）	评分要求	自评	互评	师评

序号	评分项	得分条件	分值（分）	评分要求	自评	互评	师评
1	安全/8S/态度	□1）能进行工位 8S 操作 □2）能进行设备和工具安全检查 □3）能进行车辆安全防护操作 □4）能进行工具清洁、校准、存放操作 □5）能进行"三不落地"操作	15	有 1 项未完成扣 3 分	□熟练 □不熟练	□熟练 □不熟练	□合格 □不合格
2	专业技术能力	□1）能与车主良好沟通 □2）能确认故障现象 □3）能正确完成环车检查 □4）能正确填写任务委托书 □5）能分析故障原因 □6）能制定故障诊断与排除方案 □7）能实施诊断与排除	50	有 1 项未完成扣 5 分	□熟练 □不熟练	□熟练 □不熟练	□合格 □不合格
3	工具及设备的使用能力	□能正确使用维修工具	10	未完成扣 3 分	□熟练 □不熟练	□熟练 □不熟练	□合格 □不合格
4	资料、信息查询能力	□1）能正确使用维修手册查询资料 □2）能正确记录所需维修信息	10	有 1 项未完成扣 3 分	□熟练 □不熟练	□熟练 □不熟练	□合格 □不合格
5	数据判断和分析能力	□1）能判断 ABS 警告灯状态 □2）能判断转向盘自由行程	10	有 1 项未完成扣 3 分	□熟练 □不熟练	□熟练 □不熟练	□合格 □不合格

序号	评分项	得分条件	分值（分）	评分要求	自评	互评	师评
6	表单填写能力	□1）字迹清晰 □2）语句通顺 □3）无错别字 □4）无涂改 □5）无抄袭	5	有 1 项未完成扣 1 分	□熟练 □不熟练	□熟练 □不熟练	□合格 □不合格
总分：							

习题 》》》

1. 单选题

（1）ABS 的全称是(   )。

　　A. 自动变速系统　　　　　　　　　B. 防抱死制动系统

　　C. 车身稳定系统　　　　　　　　　D. 牵引力控制系统

（2）ABS 的主要作用不包括(   )。

　　A. 缩短制动时间和距离

　　B. 防止车辆紧急制动时打滑和甩尾

　　C. 提高车辆油耗

　　D. 保证驾驶员在制动时能控制方向

（3）ABS 由(   )组成。

　　A. 轮速传感器、电子控制单元、液压单元

　　B. 变速器、离合器、制动片

　　C. 发动机、发电机、电池

　　D. 导航系统、音响系统、空调系统

（4）ABS 在工作时,(   )会不断获取车轮的速度信号。

　　A. 变速器　　　　　　　　　　　　B. 轮速传感器

　　C. 制动片　　　　　　　　　　　　D. 发动机

（5）关于 ABS 的描述,以下(   )是错误的。

　　A. ABS 能够在紧急制动时防止车轮抱死

　　B. ABS 能够缩短制动距离,提高制动效率

　　C. ABS 工作时,驾驶员会感到制动踏板有连续的震动或反弹

　　D. ABS 能够完全防止车辆在湿滑路面上打滑

（6）ABS 主要防止(   )发生。

　　A. 制动时车轮抱死　　　　　　　　B. 发动机过热

C. 变速器故障　　　　　　　　　　　D. 轮胎漏气

（7）ABS 在工作时,会(　　　)。

　　A. 持续增加制动压力

　　B. 持续减小制动压力

　　C. 根据车轮转速自动调节制动压力

　　D. 完全不调节制动压力

（8）以下(　　　)不是 ABS 的组成部分。

　　A. 轮速传感器　　　　　　　　　　B. 电子控制单元

　　C. 液压调节器　　　　　　　　　　D. 变速器控制单元

（9）在紧急制动时,ABS 的工作状态如何影响制动距离? (　　　)

　　A. 显著增加制动距离　　　　　　　B. 显著缩短制动距离

　　C. 对制动距离无影响　　　　　　　D. 取决于路面条件

（10）ABS 是否会影响驾驶员对车辆的控制能力? (　　　)

　　A. 会降低控制能力　　　　　　　　B. 会提高控制能力

　　C. 无影响　　　　　　　　　　　　D. 取决于驾驶员的驾驶技能

2. 判断题

（1）ABS 能在所有路况下显著缩短制动距离。　　　　　　　　　　　(　　　)

（2）ABS 能防止车辆在制动时失控。　　　　　　　　　　　　　　　(　　　)

（3）ABS 在工作时,驾驶员会感觉到制动踏板有连续的震动或反弹。　(　　　)

（4）没有 ABS 的车辆,在紧急制动时更容易发生侧滑。　　　　　　　(　　　)

（5）ABS 只在前轮上安装传感器。　　　　　　　　　　　　　　　　(　　　)

（6）ABS 可以完全避免轮胎磨损。　　　　　　　　　　　　　　　　(　　　)

（7）ABS 在工作时,制动踏板会变得非常硬,难以踩下。　　　　　　(　　　)

（8）ABS 只能在汽车高速行驶时发挥作用。　　　　　　　　　　　　(　　　)

（9）ABS 的工作状态可以通过仪表盘上的指示灯来监测。　　　　　　(　　　)

（10）ABS 的工作原理是通过增加制动力来防止车轮抱死。　　　　　(　　　)

3. 实操练习题

（1）简述 ABS 的工作原理。

（2）列出大众 ID.4 新能源汽车的 ABS 的故障码以及其含义。

（3）画出大众 ID.4 新能源汽车的 ABS 的故障诊断与排除的故障树。

本教材配套数字资源列表

序号	资源名称	资源类型	所在页码
1	纯电动汽车驱动系统组成	动画	18
2	纯电动汽车驱动系统原理	动画	18
3	电动助力转向系统组成	动画	57
4	电动助力转向系统原理	动画	57
5	传统制动系统与防抱死制动系统制动效果比较	动画	163
6	防抱死制动系统基本原理	动画	163

参 考 文 献

[1] 王书贤,向立明.汽车底盘构造[M].北京:机械工业出版社,2019.

[2] 宋延东,徐煌.新能源汽车底盘技术[M].北京:机械工业出版社,2023.

[3] 周林福,封建国.汽车底盘构造与维修[M].4版.北京:人民交通出版社股份有限公司,2019.

[4] 李舜酩,李玉芳.汽车底盘现代设计[M].北京:机械工业出版社,2020.

[5] 王芳,雷琼红.汽车底盘构造与维修[M].北京:机械工业出版社,2023.

[6] 袁牧,杨效军,王斌.新能源汽车底盘技术[M].北京:机械工业出版社,2023.

[7] 李培军,孟淑娟,沈沉.汽车底盘电控系统检测与修复[M].北京:机械工业出版社,2024.

[8] 李传杰,开百军,耿琪.汽车底盘构造与维修(彩色版)[M].北京:机械工业出版社,2024.

[9] 李凡,朱礼贵.汽车底盘构造与原理[M].北京:机械工业出版社,2023.

[10] 刘亮.新能源汽车底盘检测与维修[M].北京:中国劳动社会保障出版社,2024.

[11] 刘亮.新能源汽车底盘检测与维修习题册[M].北京:中国劳动社会保障出版社,2024.

[12] 吕丕华.汽车底盘控制系统检测与维修[M].北京:中国劳动社会保障出版社,2022.

[13] 人力资源和社会保障部教材办公室.汽车底盘检修[M].北京:中国劳动社会保障出版社,2022.